Philosophie de la Nature. Tome 3.

Ecoute la Nature, elle ne ment jamais.

DE LA PHILOSOPHIE DE LA NATURE.

Nunquàm aliud Natura, aliud Sapientia dicit.
JUVENAL. *Satyr.* XIV.

TOME TROISIÉME.

A AMSTERDAM,
Chez ARKSTÉE & MERKUS.

M. DCC. LXX.

DE LA PHILOSOPHIE DE LA NATURE.

SUITE DU LIVRE III. ET DU CHAPITRE IV.

ARTICLE III.

DES SENS.

L'Homme communique par ses sens externes à la nature, & par ses sens internes à tout le système des êtres physiques & intellectuels.

Toutes les idées qui viennent des sens, doivent leur origine à l'ébranlement des nerfs; mais les petites cordes homogenes qui composent le tissu nerveux, n'ont pas toutes la même forme; les unes sont toujours tendues avec force, les autres ne sont pas en état d'exécuter beaucoup de vibrations; il y en a qui s'éloignent beaucoup du sensorium, & d'autres dont le prolongement ne s'étend pas au-delà du cerveau; leur assemblage forme tantôt des faisceaux, tantôt des houppes, des lames & des pyramides; l'uniformité est dans les élémens qui les composent, & la variété dans leur configuration.

Toute la structure organique de l'homme peut donc s'expliquer par le méchanisme des fibres; si cette partie du cerveau où réside particuliérement le sentiment étoit diaphane, le Philosophe obserVeroit toutes les gradations des fureurs de l'amour dans la tête de Medée, & peut-être toute la combinaison des idées qui ont fait naître le Paradis perdu, dans celle de Milton.

Si l'homme avoit reçu de la nature un plus grand nombre de sens, cette multiplicité d'organes changeroit peut-être la nature de ses jugemens ; elle multiplieroit aussi le nombre de ses connoissances ; qui sçait si, avec douze sens, nous ne pourrions pas pénétrer dans l'essence des choses ?

Ne désirons pas de nouveaux organes, parce qu'alors il faudroit changer le monde que nous habitons ; songeons qu'avec nos cinq sens, notre froide imagination & nos petites passions, nous pouvons embraser la terre, & en faire le tombeau des hommes.

Des Sens externes.

MALEBRANCHE est bien éloquent, quand il parle contre les sens, & qu'il fait la satyre de l'imagination ; mais la recherche de la vérité n'est point mon Livre, parce qu'on n'y voit que sous une face désavantageuse, des organes qui sont autant la base de nos connoissances, que l'instrument de nos erreurs ; il étoit si aisé à son auteur d'être à la fois éloquent & Philosophe.

Admirons Malebranche, lisons son Livre & étudions après lui la théorie des sens !

I.

LE TACT.—C'est celui de nos organes, dont l'empire est le plus étendu ; il semble même que la vue, l'ouïe, le goût & l'odorat, ne soient que le tact diversement modifié.

Un nombre prodigieux de fibres qui se ramifient à l'infini, forment sur la surface du corps humain, l'organe du toucher; elles composent les trois membranes qu'on nomme l'épiderme, le réticule & la peau, & leur ébranlement, transmis au sensorium, produit ces deux grands mobiles de la vie qu'on nomme le plaisir & la douleur.

Le toucher n'est proprement qu'un contact de superficie; si la glace contracte les fibrilles de la peau, il en résulte la sensation du froid; si les rayons du soleil les dilatent, il en résulte le sentiment de la chaleur; une pression douce & uniforme de l'atmosphére ouvre l'ame aux impressions de la volupté, & une espece de spasme dans le tissu nerveux, occasionne en elle la terreur & le frissonnement. Si la nature nous ôtoit l'organe du tact, nous cesserions d'être hommes, nous ne serions pas même dans la classe des animaux.

L'homme paroît l'être le plus sensible au contact des corps ; voilà pourquoi le physique de l'amour a tant d'attraits pour lui : les animaux engendrent ; mais l'homme seul sçait jouir.

L'organe du toucher réside particuliérement dans la main ; c'est la partie de notre corps la plus flexible, & celle qui se prête le plus facilement aux divers caprices de la volonté; s'il étoit possible d'en augmenter les articulations, par exemple, d'avoir une main composée de dix doigts, je ne doute pas qu'on ne fortifiât dans son ame le principe du sentiment. Il y a dans Berlin une famille de sexdigitaires (a); les personnes qui la composent, doivent, toutes choses égales d'ailleurs, avoir plus de sensations, de douleur & de plaisir que le reste des hommes.

Les femmes en qui la nature, l'éducation & la coquetterie concourent

---

(a) Jacob Ruhe tenoit cette singularité d'Elizabeth Ruhen, sa mere, qui de son côté la tenoit d'Elizabeth Hottomann, qui lui avoit donné la naissance. *Voyez Œuvres de Maupertuis, tom. II, page* 275.

Le sexdigitisme se transmet aux enfans, & il s'altere par l'alliance des quindigitaires.

Il y a beaucoup de chiens en qui on apperçoit des doigts surnuméraires que le vulgaire des Naturalistes appellent des monstruosités; ces chiens n'en paroissent ni plus sensibles, ni plus ingénieux; c'est que chez nous l'organe du tact réside particuliérement dans la main, & que dans les quadrupédes il réside dans le museau.

à donner la plus grande finesse à l'organe du toucher, sont en général plus sensibles que les hommes ; leurs fibres se contractent & se dilatent aux plus légeres impressions des corps ; il y en a qui sont ivres d'amour, lorsque leur amant n'est encore qu'un Philosophe.

L'éleve de la nature ne sçauroit trop s'appliquer à perfectionner en lui l'organe du tact, qui étend la sphére de ses connoissances, qui rectifie les erreurs des autres sens, & répand quelques rayons de bonheur au travers des ombres de la vie ; la nature conduit à cette maxime, & la nature est le premier des Legislateurs.

L'usage des bains, un travail modéré, & sur-tout la propreté, conservent sur le corps humain l'ouvrage de la nature ; les hommes qui la contredisent, sont pour le Philosophe un objet de pitié ; voyez les Sauvages & les Fanatiques, les Kalmouques & les Bonzes ; leur corps devient hideux, & leur esprit stupide: on diroit qu'ils se tourmentent pour devenir des monstres.

Le tact peut devenir si parfait qu'il dédommage quelquefois les aveugles de la perte de la lumiere ; le fameux Mathématicien Saunderson, avoit deux yeux d'une nouvelle espece, qu'il s'étoit lui-même donnés, sa main & son intelligence (*a*).

(*a*) Les Physiciens rapportent une foule d'exemples, qui prouvent qu'on peut suppléer par le tact à la perte de la vue. Un Organiste de Hollande devenu aveugle, continua à donner des leçons de clavecin ; il acquit l'habitude de distinguer au toucher les différentes espéces de monnoie, les couleurs mêmes des cartes n'échappoient pas à sa pénétration ; on le regar-

Mes principes ne tendent point à justifier ces hommes frivoles, qui avec une ame foible & des organes éteints, cherchent par le secours de l'art à rappeller une sensibilité qui leur échappe, se font un tact factice pour remplacer celui de la nature, & meurent tous les instans où ils cessent de jouir.

Je serois également criminel & inconséquent, si en traitant de la nature, j'apprenois à en abuser.

---

doit comme un joueur redoutable, & il auroit pu défier le fameux Chevalier de Grammont. *Observ. de Physique. tom. 2. p. 214.*

Le Sculpteur Ganibusius de Volterre, l'emportoit encore sur l'Organiste Hollandois; car il suffisoit à cet artiste aveugle de toucher un objet pour faire ensuite une statue d'argile qui lui étoit parfaitement ressemblante. *Traité des sens de M. le Cat, pag. 11.*

II.

L'ODORAT — Les corpuscules qui émanent des fleurs ou des parfums, agissent sur les lames nerveuses qui tapissent la partie supérieure du nez, & l'ébranlement des lames se communique jusqu'au siége du sentiment; tel est le méchanisme de cet organe.

Il est singulier que dans les animaux la sensibilité reside presque toute entiere dans l'odorat; un chien de chasse avec son museau voit les objets qui ne sont plus, & savoure ceux qu'il n'est plus à portée d'atteindre; c'est un triple organe qui lui tient lieu de nez, de bouche & de main; il n'en est pas de même de l'homme; son tact est excellent, mais son odorat est de la plus grande foiblesse (*a*); les Natura-

_____

(*a*) Le principe qu'on établit ici souffre cependant des exceptions: M. le Cat, dans

listes ont trouvé la raison de ce phénomene ; le sentiment de l'homme est dans le tact, parce qu'il a plus besoin de connoître que d'appéter ; celui de l'animal est dans l'odorat, parce qu'il a plus besoin d'appéter que de connoître.

---

son *Traité des sens*, rapporte plusieurs exemples qui prouvent que l'odorat dans les hommes peut quelquefois atteindre la perfection de celui des animaux.

On a vu des Negres aux Antilles, qui suivoient les hommes à la piste comme des chiens de chasse, & qui distinguoient très-bien les voies d'un blanc, de celles d'un Africain.

Le Chevalier Digby fait mention d'un enfant élevé dans les bois, qui avoit acquis tant de finesse dans l'odorat, qu'il distinguoit par cet organe l'approche de l'ennemi ; dans la suite ayant changé de maniere de vie, cette grande sensibilité souffrit des altérations ; cependant long-tems après, s'étant marié, il distinguoit

La nature ne veut point que l'homme épuife fa fenfibilité par l'ufage de ces parfums factices que le luxe a inventés pour les perfonnes qui ne fçavent pas jouir ; ces femmes qui marchent toujours enveloppées d'un atmofphere odoriférant font bientôt

encore fort bien fa femme d'une autre en la flairant ; fon nez, pendant la nuit, lui tenoit lieu de la vue.

Un Religieux de Prague, dont il eft parlé dans le *Journal des Savans* de 1684, prête encore plus à l'étonnement des Philofophes ; non-feulement il connoiffoit les perfonnes qui venoient le voir en les flairant ; mais ce qui eft encore plus extraordinaire, il diftinguoit une fille d'une femme, & une perfonne chafte d'une autre qui ne l'étoit pas. Ce Moine avoit commencé un *Traité des odeurs* quand il mourut, & fûrement il n'y avoit perfonne fur la terre, qui fut plus en état que lui de l'exécuter.

morres pour les parfums de la nature; un parterre n'est plus pour elles qu'un tableau heureusement dessiné, & la campagne ne leur paroît qu'un bizarre assemblage de végétaux & de décombres.

Il y a environ un siecle qu'on a apporté dans l'Europe l'usage d'une poudre corrosive (*a*) qui desseche la membrane olfactoire, intercepte le cours des humeurs & peut-être tend à vitrifier l'entrée du cerveau; c'est le luxe qui originairement a introduit cette poudre, & le luxe n'est pas la nature.

Le tabac, comme l'anacarde de Pithagore, se prend quelquefois pour

---

(*a*) M. le Cat, un des Philosophes dont le suffrage en cette matiere est du plus grand poids, dit que le tabac n'exhale qu'une odeur ammoniacale & venimeuse. *Voyez Traité des Sens*, page 35.

donner un nouveau reſſort aux ſens &
à l'intelligence ; mais cette propriété
même en rend le fréquent uſage dangereux ; il en eſt alors de lui comme
de ces liqueurs fortes, qui ouvrent l'entendement pendant quelques heures
pour rendre ſtupide toute la vie.

III.

LE GOUT. — Cet organe a beaucoup de rapport avec celui du toucher ; il a ſes papilles nerveuſes, mais
plus ſaillantes, plus épanouies & par
conſéquent plus analogues au principe
de la ſenſibilité ; le goût n'eſt à nos
yeux que le tact perfectionné.

Les ſels ſont un des principes matériels des ſaveurs, ils ſervent par leurs
pointes aigues à criſper les fibres, à
les contracter, & à les brûler ; ils
déchireroient bientôt tous le tiſſu
nerveux, ſi les corpuſcules balſami-

ques des huiles ne prévenoient à chaque inftant fes bleffures.

Le goût eft l'organe qui contribue le plus au bonheur de tout ce qui refpire ; on conçoît très-bien l'exiftence d'un être fourd, aveugle, & privé de l'ouïe & du toucher ; mais fi, avec l'ufage de ces quatre fens, la nature lui refufoit un palais, un fentiment vague d'ennui s'empareroit de fon ame, dès le premier inftant de fa naiffance ; la douleur lui fuccéderoit, & quand l'animal ne pourroit plus fupporter le fentiment pénible de l'exiftence, il cefferoit d'être.

La nature qui a fait de l'organe du goût le principe de l'exiftence animale, y a attaché la plus grande jouiffance ; quand l'éguillon de la faim fe fait fentir, on devient infenfible aux parfums des fleurs, aux concerts, aux fpectacles, même au plaifir du toucher, un fruit devient d'un prix inestimable, & l'ame est toute entiere dans le palais qui le savoure.

Plus les voluptés que le goût fait naître sont intimes, plus il est aisé d'en abuser : l'homme, qui ne sçait point commander à lui-même, épuise la sensation du plaisir, jusqu'à ce qu'elle se transforme en douleur : pour le sage, il jouit peu pour jouir longtems, il sort toujours de table avant que son appétit soit rassasié.

Rendons justice à notre siécle ; on abrége dans le monde l'intervalle immense des repas, on n'envie plus les exploits de gloutonnerie que l'antiquité rapporte de Milon & de Vitellius ; mais ce vice est remplacé par un autre moins sensible & plus dangereux, la substance d'un service entier se trouve aujourd'hui réunie dans un seul plat : à force de perfectionner l'affaisonnement des mets, on altere leur nature, & il se trouve qu'une heure de plaisir équivaut à un jour de jouissance.

L'homme de la nature, satisfait des alimens simples qu'elle lui procure, laisse l'homme du monde s'empoisonner noblement dans ses repas Epicuriens, tourmenter son palais pour lui donner de l'activité, & accélerer sa mort par les moyens mêmes qui étoient destinés pour la prévenir.

IV.

L'Ouie. — On peut regarder l'intérieur de l'oreille comme un écho où le son se réfléchit, ou si l'on veut, cet organe est un espece de clavecin, dont le labyrinthe & le limaçon forment la base ; ses rubans sonores représentent les cordes isocrones de l'instrument, & les colonnes d'air qui pénétrent dans le tympan, font les fautereaux qui les mettent en jeu; dès que le nerf auditif eft ébranlé, l'ame entend des fons & s'ouvre au plaifir de l'harmonie.

L'ouïe eft bien plus néceffaire à l'homme qu'aux animaux, parce que dans le premier elle eft effentiellement liée à l'organe de la parole; un fourd de naiffance eft toujours muet, il ne peut ni s'inftruire des penfées de fes égaux, ni leur communiquer les fiennes; il eft toujours feul au milieu de la multitude; c'eft un individu borné à la vie animale, & qui n'a prefque jamais d'exiftence intellectuelle.

L'organe de l'ouïe eft une des caufes phyfiques de notre félicité; je plains les peuples qui habitent les environs des cataractes du Nil ou du faut de Niagarat; ils doivent avoir moins d'intelligence que nous, ou plus de pente vers le fuicide.

Les Anciens étoient fi perfuadés que la mélodie eft un des plaifirs les plus purs de la nature, que les Legiflateurs firent entrer des préceptes de mufique dans les Codes qu'ils donnerent aux Nations; (a) les Magiftrats de quelques villes Grecques s'intéreffoient à l'addition de quelques cordes dans une lyre, comme un Efpagnol à la découverte d'une mine; on

---

(a) Un Muficien, dit Platon, vous apprendra quels font les fons capables de faire naître l'audace & la modeftie, la baffeffe de l'ame & la magnanimité. *Republ. liv.* 3. Polybe penfoit auffi que les habitans de Cyrète ne devinrent les plus barbares des Grecs, que parce qu'ils négligerent la Mufique. L'autorité de Polybe eft bien forte quand elle eft réunie avec celle de Platon.

croyoit alors affez unanimement qu'un Muficien devoit être plus intrépide, plus généreux & plus fenfible qu'un homme qui n'avoit point d'oreille.

La Mufique n'opere plus parmi nous, les prodiges qu'elle opéroit chez les Grecs & chez les Orientaux; malgré leur talent fublime un Corelli, ou un Gaviniez, le violon à la main, n'appaiferoient pas des émeutes populaires, ne fléchiroient pas des tyrans, ne calmeroient pas des frénétiques, & ne rappelleroient pas des mourans des portes du tombeau ; qui a pu produire cette finguliere dégradation ? vient-elle de ce que nous n'avons plus les lyres d'Athenes, les Nables de Sidon, & les ciftres dorés de Memphis? La Mufique de Gave, de Gondel & de Pergolefe eft-elle inférieure à celle de Therpandre & d'Arion ? ou enfin y auroit-il dans l'espece humaine, une tendance graduée vers l'insensibilité, qui, portée dans un certain nombre de siécles à son dernier periode, annoncera notre destruction.

La Musique sera toujours chere à l'éleve de la nature; il la fera servir à perfectionner l'organe de l'ouïe, à rétablir la sérénité dans son ame, & à bannir l'ennui, qui est pour l'être qui pense, un mal égal à la douleur.

La Musique est, dans l'entendement des Rameaux & des Jommelli, un ressort propre à tendre le génie, c'est un talent aimable pour les Artistes, & une source de félicité pour le genre humain.

V.

La Vue. — Il y a des faisceaux de fibres rassemblés dans toute l'étendue de la retine & du nerf optique; il est probable que chacun de ces faisceaux est composé de fibrilles analogues aux sept couleurs primitives de la lumiere; si quelque rayon vient frapper l'organe, le sensorium est ébranlé, & l'ame n'est plus dans les ténèbres.

Newton a appris au sage de la nature à perfectionner sa vue, en ne croyant donner qu'une théorie sur les phénomenes de la vision : ce grand homme a trouvé l'art de décomposer un rayon solaire, il a calculé comment le fluide lumineux traverse en moins de huit minutes trente-trois millions de lieues ; il a rectifié l'optique erronée de Descartes & de Malebranche, & la morale n'est pas tout-à-fait étrangere au service que ce Philosophe a rendu à la Physique.

L'œil physique a beaucoup de rapport avec celui de l'entendement ; depuis qu'avec le secours du microscope, le Naturaliste est descendu dans l'abyme des infiniment petits; le voile qui cachoit à sa raison un nouvel Univers, s'est dissipé, & ses idées sont devenues grandes comme les opérations de la nature.

Il est d'autant plus nécessaire de perfectionner en nous l'organe de la vision, que par lui-même, il égare autant qu'il éclaire; ce sens nous trompe sur l'étendue des corps, sur leur figure, sur la vîtesse de leur mouvement, sur leur distance & sur leurs propriétés; il est l'origine d'une multitude d'erreurs physiques & morales, & il ne devient vraiment utile au bonheur de l'homme que quand il est rectifié par le toucher, & guidé par la raison.

L'usage immodéré des plaisirs affoiblit étrangement la vue; les capitales de l'Europe sont pleines de jeunes aveugles, qui n'ont ni le génie d'Homere, ni les talens de Saunderson,

derson, ils sont bien loin de rougir des secours qu'ils empruntent de l'optique, pour suppléer à l'abandon de la nature ; mais il faut les plaindre pour les maux mêmes dont ils font gloire.

L'art & l'exercice ajoutent beaucoup à l'excellence de la vue (*a*); l'œil du

---

(*a*) On voit souvent la vue suppléer à la perte totale de l'ouïe ; le monde est plein de sourds, à qui on fait entendre tout ce qu'on veut. Il y avoit à Amiens, en 1700, une femme qui comprenoit ce qu'on lui disoit, en regardant seulement le mouvement des lévres ; elle lioit de cette façon de très-longues conversations ; les entretiens qu'on avoit avec elle ne fatiguoient point l'interlocuteur ; il pouvoit se dispenser d'articuler des sons, & il suffisoit qu'il remuât les lévres sensiblement ; ainsi cette femme entendoit distinctement, lors même qu'il ne s'entendoit pas lui-même. *Observ. de Physique*, tom. 2, page 209.

peintre est un tableau où les nuances les plus fines vont se tracer; placez un Artiste & un homme du peuple devant le Palais de l'Escurial; le premier aura déja saisi toutes les proportions de son architecture, tandis que l'autre n'aura encore distingué qu'un péristile & des pierres de taille.

Un ancien Philosophe se créva les yeux, pour n'être point distrait dans ses méditations; mais c'étoit un insensé, qui n'a été loué que par d'autres insensés; on ne perfectionne point son être en le détruisant.... Homme timide, tu veux dompter tes sens! qu'as-tu besoin du couteau d'Origene? Ose combattre, & tu apprendras par tes défaites, à être vainqueur; la nature n'est point mauvaise, mais le cœur humain le devient quelquefois; écoute la voix de la Philosophie, respecte ton corps, & ne mutile que ton entendement.

VI.
CONVERSATION
ENTRE

UN PARISIEN ET UN CARAÏBE,

Tenue le vingt Septembre 1769, sur la partie du Rempart, nommée le Boulevart neuf.

LE CARAÏBE.

Monsieur le Parisien, je désirerois.....

LE PARISIEN.

Monsieur, parlez plus haut, j'ai de la peine à vous entendre.

LE CARAÏBE.

Voilà qui est plaisant, tout le monde ici a des oreilles, & tout le monde est sourd. — Monsieur, je désirerois connoître la route d'Orléans; je dois m'y rendre avant la nuit.

LE PARISIEN.

Il est huit heures sonnées. — La poste aura de la peine à vous y mener aujourd'hui, les chevaux auront à faire vingt-huit lieues.

LE CARAÏBE.

Aussi je ne prétends point me servir de chevaux. — Vous riez. — Oh, cette petite course n'effraie point un Caraïbe: la belle Mirza-kon-Pouf m'attend ce soir, & je ne manquerai pas au rendez-vous; j'ai les jambes toutes neuves, car je n'ai encore que cinquante-quatre ans, & je serai bientôt à Orléans; il m'arrive souvent de faire trente lieues en un jour pour attraper un lapin; j'en ferai bien vingt-huit pour souper avec ma maîtresse.

LE PARISIEN.

Monsieur le Caraïbe, vous me paroissez un animal singulier, que je serois charmé de connoître; je veux vous mettre moi-même dans votre route, je suis curieux de savoir si un Sauvage pense aussi bien qu'il marche.

Le Caraïbe.

Cela doit être; mon corps n'est point malade, pourquoi mon intelligence la seroit-elle? — Mais dites-moi, que font toutes ces têtes pensantes, rassemblées sur cette terrasse, que je juge éloignées d'ici de deux de vos lieues?

Le Parisien.

Je vous avouerai que je ne vois pas même la terrasse; il faudroit pour vous répondre avoir les yeux de l'aigle.

Le Caraïbe.

Il suffit d'avoir les yeux de l'homme; en vérité, votre pays me fait pitié; dans nos forêts il y a mille Indiens qui ont la vue plus perçante que moi:

vous, Parisien, vous me regardez comme un aigle, & je ne suis qu'une taupe, pour le grand nombre des Caraïbes.

Le Parisien.

Je vous avouerai ingénuement que sans avoir jamais été aussi clairvoyant qu'un Caraïbe, j'ai joui dans ma jeunesse d'une vue assez perçante; mais les bals, les livres & les filles de l'Opéra l'ont singuliérement affoiblie : dans ce pays-ci, le plaisir coûte fort cher, les plus heureux sont ceux qui ne l'achetent qu'au dépens de leur bourse.

Le Caraïbe.

Je crois que le plaisir se goûteroit mieux & affoibliroit moins s'il ne s'achetoit pas. — Tenez, je compte ce soir m'enivrer des plaisirs de l'amour, dans les bras de ma chere Mirza-kon-Pouf; eh bien, je ne lui apporte que mon cœur, & ce paquet d'herbes que je vais cueillir.

LE PARISIEN.

Fi donc, Monsieur le Caraïbe, ces herbes n'ont aucun parfum; choisissez un autre bouquet pour votre maîtresse.

LE CARAÏBE.

Celui-là lui suffit; il est simple comme la nature, & neuf comme le cœur que j'aime; je pourrois sans doute tresser en guirlandes les fleurs de votre climat, mais leur odeur est trop forte, & elles fatiguent ma sensibilité; si je m'accoutumois à vos roses & à vos juliennes, l'odeur douce que cette verdure exhale, n'auroit bientôt aucun attrait pour moi; dans la suite, je me lasserois même des fleurs, j'aurois recours aux parfums, & je finirois par n'avoir plus d'odorat.

LE PARISIEN.

Voilà justement notre Histoire: nous, Parisiens, nous sommes dans le centre des plaisirs, nous épuisons de bonne heure toutes les jouissances, & à trente ans nous n'avons plus d'organes.

Le Caraïbe.

Ainsi à Paris on est vieux à trente ans ; voilà un fait qui tiendra sa place dans l'Histoire de mes voyages, pourvu cependant qu'on ne me regarde pas comme un visionnaire chez mes Concitoyens, qui vivent un siécle & demi, & qui se plaignent encore de l'avarice de la nature ; — Mais dites-moi, je vous prie, j'ai vu à dix lieues d'ici dans vos campagnes, un peuple passablement vigoureux, chez qui la vieillesse ne parvient qu'après soixante ans ; que n'abandonnez-vous votre Ville, qui dévore ses habitans, pour vous retirer dans cet asyle ? Qu'est-ce que dix lieues pour un être qui pense, quand il s'agit d'avoir trente ans de plus à honorer les Dieux, & à être utile aux hommes.

LE PARISIEN.

Cela est vrai, Monsieur le Caraïbe, mais vous ne ferez point ici de prosélytes ; la raison pour laquelle on vit long-tems à la Campagne, c'est qu'on s'y passe sans peine des biens qu'on ne connoît pas ; mais dans les grandes Villes, qui sera assez Philosophe pour se priver des biens qui viennent le chercher ? Tout le monde veut avoir en gros les plaisirs que le paysan goûte en détail ; moi qui n'ai que dix mille livres de rente, j'ai rassemblé dans l'espace de trente ans autant de jouissances qu'un rustre en a dans un siécle presque entier : un Seigneur qui a un million de revenu, ne met peut être que dix ans à parcourir sa carriere voluptueuse ; j'ai connu un jeune Duc, qui dans l'espace de quatre ans, réunit l'enfance, la puberté & la vieillesse : il mourut en cherchant le plaisir, & dit encore, en rendant le dernier soupir, j'ai assez vécu.

Le Caraïbe.

Je n'entends rien au raisonnement de votre Duc ; voilà une corbeille de fruits, si la nature me disoit, voilà ta nourriture pendant trois semaines, ferois-je bien de manger tout aujourd'hui, pour mourir de faim dans quatre jours ? Le grand Législateur Pitrakonkou, a laissé une maxime bien différente aux Caraïbes : ô homme, leur disoit-il souvent, vivez peu, & vous vivrez long-tems ! je trouve un grand sens dans cet apophthegme.

Le Parisien.

Mon cher Sauvage, votre philosophie m'enchante, accordez-moi une faveur ; à trente pas d'ici est un Traiteur célebre, permettez que je vous donne à déjeûner chez lui ; vous en ferez plus agile dans le reste de votre voyage.

LE CARAÏBE.

Il n'y a encore que dix-sept heures que j'ai mangé, & je n'ai pas faim.

LE PARISIEN.

Mais du moins acceptez un verre de crème des barbades.

LE CARAÏBE.

Dites-moi, le lait des barbades fait-il une meilleure crème que le lait de mon pays ?

LE PARISIEN.

Vous êtes encore bien neuf pour avoir tant voyagé. — Eh ne sçavez-vous pas que la crème des barbades est une liqueur spiritueuse, distillée plusieurs fois à un alembic & composée...

LE CARAÏBE.

Gardez pour vos Parisiens votre crème & vos poisons. — Quand mon palais commencera à s'user, je boirai du vin, & quand je n'aurai plus de goût, j'essayerai des liqueurs; en attendant l eau me suffit, mais je n'en boirai qu'à Orléans pour augmenter ma vigueur auprès de la belle Mirza-kon-Pouf.

Le Parisien.

Pardon si j'ai tant de peine à me défaire de mes vieux préjugés. — Faire en moins d'un jour vingt-huit lieues à pied; avoir cinquante-quatre ans, & boire de l'eau pour paroître plus vigoureux aux yeux de sa Maîtresse : voilà qui n'est guere dans nos mœurs.—Mais enfin un Caraïbe n'est pas un Parisien.— Faites moi un peu le portrait de votre belle Mirza-kon-Pouf.

Le Caraïbe.

Volontiers; quand je ne la vois pas, j'aime du moins à parler d'elle. — Figurez vous une femme de six pieds, dont les cheveux, naturellement bouclés, tombent en ondoyant sur son sein; dont la tête, du plus parfait ovale, n'a de modele que parmi vos statues; dont la robe transparente suit exactement tous les contours de sa taille svelte; dont.... Mais vous êtes bien froid, Monsieur le Parisien.

LE PARISIEN.

Hélas ! il n'y a plus de beautés pour moi.... même parmi les Caraïbes.

LE CARAÏBE.

Quoi votre cœur.....

LE PARISIEN.

Il est mort, aussi bien que mes sens; j'ai eu autrefois un serrail à moi, & maintenant je ne suis plus propre qu'à en être le gardien ; j'admire encore une belle femme, mais je n'aime plus.

LE CARAÏBE.

En vérité tous vos aveux me jettent dans le plus grand étonnement; par quel prodige vos peres ont-ils fait la conquête de ma patrie ? Comment s'y trouve-t-il encore un seul Européen ? Moi je suis un homme, mais vous autres avec votre taille de cinq pieds, vos sens énervés, & votre vie de trente ans, qui êtes-vous ? Y auroit-il par hazard des hommes de la grande & de la petite espece, comme il y a parmi les chiens des dogues & des bassets ? Le Caraïbe est-il l'homme de la nature, & le Parisien l'homme dégénéré ?

LE PARISIEN.

Je crois que dans les climats tempérés l'homme est par-tout le même; la nature le fait robuste, l'éducation seule le dégrade; un Européen qui deviendroit votre compatriote auroit des fils qui vous ressembleroient ; mais essayez d'épouser une Parisienne & vous verrez vos enfans mourir de vieillesse, quand vous serez encore dans l'âge viril.

LE CARAÏBE.

Ce que vous me dites-là me paroît de la derniere justesse ; il faut qu'une vérité soit bien évidente pour qu'elle paroisse telle à un Parisien & à un Caraïbe.— Mais je m'apperçois que vous vous fatiguez prodigieusement pour me suivre ; je n'abuserai pas plus long-tems de votre complaisance : montrez-moi ma route.

LE PARISIEN.

La voilà. — Si j'avois ma chaise de poste je serois tenté de vous accompagner jusqu'à Orléans. — Adieu mon cher Sauvage. — Ah ! que ne suis-je né Caraïbe, quand j'aurois dû n'avoir pas un sou de revenu, n'aimer que Mirza kon-Pouf, & n'aller de ma vie à l'Opéra !

De la Mémoire.

SI l'homme ne sentoit que par la vue, l'ouïe, le goût, l'odorat & le toucher, il auroit tort de se placer à la tête de l'écheile des êtres sensibles; loin d'être le plus heureux des animaux, il en seroit à peine le mieux organisé.

L'ame a reçu de la nature des sens internes qui perfectionnent son être, donnent une nouvelle élasticité à ses organes extérieurs, & multiplient pour elle les plaisirs de l'existence.

A la tête des sens internes, on doit mettre le sens moral; cette faculté sublime qui nous éclaire sur le bon, comme le goût, nous éclaire sur le beau, qui nous entraîne à l'harmonie des êtres sans le secours du raisonnement, & par lequel nous serions encore vertueux, quand nous ne ferions pas intelligens ; mais nous nous sommes déjà assez étendus sur cet article (*a*). Nous avons parlé du sens moral à la tête de la *Philosophie de la nature*; nous ne pouvions trop tôt le faire connoître, puisqu'il a donné naissance à cet Ouvrage.

Le sens commun appartient à l'entendement & non à la sensibilité, & ce livre n'est pas plus destiné à appuyer les définitions du Peuple, qu'à consacrer ses préjugés.

La mémoire est le premier des sens internes que nous allons analyser; pour peu qu'on réfléchisse sur l'organe de la sensibilité, on s'apperçoit que les fibres agitées souvent par les mêmes objets, contractent l'habitude de se

---

(*a*) *Voyez au premier Tome de cet Ouvrage le Chap.* 5, *pag.* 65.

mouvoir dans le même ordre ; si une cause étrangere vient dans la suite ébranler une seule de ces fibres exercées, tout le faisceau nerveux qui lui répond éprouve ses anciennes vibrations, & l'ame réproduit ses idées.

Plus les fibres sont mobiles, plus elles s'habituent à se vibrer à la moindre commotion ; delà il suit que le genre nerveux, à un certain âge, ayant perdu son élasticité, un vieillard ne sauroit avoir de la mémoire.

Il ne faut point confondre la simple réproduction des idées, avec le sentiment par lequel l'ame distingue ses anciennes perceptions de celles qui sont plus récentes; la premiere faculté s'appelle mémoire, mais la seconde dans le langage philosophique, se nomme réminiscence.

Locke & d'autres Philosophes ont encore eu plus de tort d'identifier la mémoire avec l'imagination ; toutes deux, il est vrai, réproduisent les idées; mais la premiere, copiste servile, suit fidellement le même ordre & les mêmes combinaisons; l'autre s'approprie tout ce qu'elle voit, elle donne aux objets une teinte nouvelle, change la chaîne des perceptions, & fait un nouveau monde avec les matériaux de l'ancien ; la mémoire imite, & l'imagination crée encore en imitant.

Locke a été plus vrai quand il a comparé la mémoire à une table d'airain, remplie de caracteres que le tems efface insensiblement, si l'on n'y repasse quelquefois le burin.

Il est certain que cette faculté de l'ame est presque toute factice ; Montagne avoit reçu de la nature une mémoire très-foible ; cependant quel prodigieux magasin de faits & d'idées ce Philosophe n'avoit-il pas formé dans sa tête ? Ses *Essais* ne prouvent-ils pas que son sensorium étoit une espece d'Encyclopédie ?

Un homme bien organisé est le maître de créer sa mémoire ; je trouve dans Wolff un trait surprenant qui confirme cette idée ; un nommé Pelshover de Konigsberg s'étoit exercé long-tems à extraire par mémoire la racine des nombres ; cette faculté parvint dans cet Algébriste à un tel point de perfection que la nuit du 18 Février 1760, il vint à bout d'extraire dans son lit par la méthode ordinaire la racine de 57 chiffres, qui est elle-même de 27 (*a*) ; quand cet homme seroit né en Groënlande, ou personne ne sait lire ni écrire, il auroit encore pu créer l'Algébre.

S'il est vrai, comme on me l'a assuré,

___
(*a*) Psychologie de Wolff, Parag. 197.

que l'Abbé Duguet & l'Abbé d'Asfeld, se promenant à cheval, aient joué de mémoire une partie d'échecs jusqu'à ce que les deux Rois soient restés seuls sur l'échiquier ; ces Joueurs sont encore bien supérieurs à l'Algébriste.

Si la vieillesse est le tombeau de l'intelligence & de la sensibilité, c'est principalement parce que la mémoire est alors dans la plus profonde léthargie; les idées s'effacent, les sensations s'affoiblissent, on sent peu le présent, on perd la trace du passé, & on ne jette que des regards tremblans sur l'avenir; cet éclipse de l'entendement est sensible dans les hommes de génie comme dans les esprits vulgaires. Fontenelle à l'âge de 96 ans ne se souvenoit plus d'avoir composé à l'âge de 70 ses *Elemens de la Géométrie de l'infini*, & l'immortel Newton dans sa vieillesse n'entendoit plus son *Traité des Principes*.

C'est travailler au bonheur de sa vie que de rendre de bonne heure sa mémoire dépositaire d'une foule de faits & de pensées ; on empêche alors l'ame de se consumer par le poison lent de l'ennuy ; on s'assure un grand fond de Philosophie pour l'âge mûr, & on recule la vieillesse jusqu'aux portes du tombeau.

J'ai dit que la mémoire dépendoit de l'usage fréquent qu'on en faisoit ; elle se fortifie aussi singuliérement par l'attention avec laquelle on considere les objets qu'on y veut imprimer (*a*) ; un enfant & un lecteur vulgaire n'ont jamais une vraie mémoire, parce qu'ils

---

(*a*) L'attention est proprement cette faculté de l'ame par laquelle elle réagit sur les fibres représentatives d'un objet, pour donner à leur mouvemens plus de durée ou plus d'intensité ; il y a des Psychologues, qui font de l'attention un sens

ne comparent que des superficies, qu'ils ne combinent que de petites idées, & que leur cerveau ne retrace qu'une succession rapide de tableaux ; on voit que leurs fibres sont toujours en action, mais il est rare que l'ame réagisse sur ces fibres ; ils savent un peu l'histoire des pensées des hommes, mais ils ne pensent point.

Rien ne contribue plus à la perfection de la mémoire que l'ordre avec lequel on enchaîne ses idées ; c'est à cet ordre qu'on doit tous les prodiges de mémoire dont l'Histoire fait mention ; sans lui Bacon n'auroit point trouvé l'arbre généalogique des

---

interne particulier ; mais je ne la crois pas assez distinguée de la mémoire & de la réminiscence pour en faire le sujet d'un article; il y a autant d'inconvéniens à trop décomposer l'ame, qu'à ne la soumettre à aucune analyse.

sciences, cet arbre si nécessaire pour former la mémoire des Philosophes.

On peut meubler la mémoire de mots, de faits & de pensées ; il y a telle science qui ne consiste que dans l'assemblage des mots techniques que l'ignorance a inventés ; & le Savant, qui les rassemble péniblement dans son cerveau, ne me paroît gueres au dessus d'un Perroquet bien organisé ; l'étude des faits est bien plus importante, parce qu'en suivant la pensée d'un moderne, elle rend l'homme contemporain de tous les âges & citoyen de tous les lieux ; mais la mémoire qui consiste à former dans sa tête une espece de cabinet de pensées me paroît la plus utile ; c'est elle seule qui donne à l'esprit ce coup d'œil géométrique, qui dirige sa marche, & qui le met en correspondance avec tous les êtres intelligens.

Les Philosophes qui réunissent à un dégré éminent, la mémoire des faits & celle des pensées, sont nés pour donner des leçons au genre humain; comment n'éclaireroient-ils pas la terre, puisque les lumieres de tous les êtres pensans, semblent réunies dans le foyer de leur intelligence ? Et qu'est-ce qu'un le Long ou un le Cointe auprès de Montagne, de Leibnitz & de Montesquieu ?

Gardons-nous cependant de croire que le génie ne consiste que dans l'étendue de la mémoire ; cette erreur vient de la vanité de ces esprits vulgaires, qui, pour avoir le cerveau meublé de pensées étrangeres, se mettent au niveau de l'homme qui pense.

L'homme d'esprit qui n'a que de la mémoire est l'Artiste subalterne qui va choisir le marbre dans les carrieres; l'homme de génie est le Sculpteur qui fait respirer ce marbre sous la forme de Venus ou du Cardinal de Richelieu.

Le génie supplée à la mémoire, mais la mémoire ne supplée jamais au génie. Quand il n'existeroit point d'histoire de Perse, Montesquieu auroit fait les *Lettres Persannes*; mais Pufendorff, avec tout le savoir des bibliothéques, n'auroit pu faire un chapitre de *l'Esprit des Loix*.

Que conclure de cet exposé? que la mémoire porte quelquefois les livrées du génie sans lui nuire & sans le remplacer; qu'il faut la vanter moins, la connoître mieux, & surtout la cultiver.

De la faculté d'imaginer (a).

L'IMAGINATION tient un rang distingué parmi les sens internes; l'imagination, cette faculté admirable qui tient d'un côté à la sensibilité & de l'autre à l'intelligence, dont les écarts même ont quelque chose de grand, & que les Psychologues n'ont pu dégrader sans en faire usage.

On a déjà eu occasion de remarquer que des Philosophes avoient confondu l'imagination avec la mémoire; cependant ces deux facultés sont séparées

---

(*a*) On n'emploie ici ces mots *de la faculté d'imaginer*, qui sont synonimes à *imagination*, que parce que dans le Chapitre suivant on aura occasion d'envisager le même sujet sous un autre point de vue, on n'a pas voulu répéter deux fois le même titre.

par des limites invariables; la mémoire régénére les idées dans leur ordre naturel, & l'imagination les altere sans cesse; l'une produit, & l'autre ne fait que copier.

Un de nos meilleurs Métaphysiciens a dit que l'imagination étoit cette faculté de l'ame qui combine les qualités des objets, pour en faire des ensembles dont la nature n'offre point de modeles (*a*); cette définition est peut-être trop générale, elle suppose dans le lecteur des réflexions antérieures qui sont trop fines pour des hommes qu'on veut instruire.

Un objet extérieur agit sur mes fibres sensitives, & j'éprouve une sensation; mon ame, en vertu de sa force motrice, reproduit cette sensation dans

---

(*a*) Traité des Sensations de l'Abbé de Condillac. *Tome I*, page 326.

mon cerveau sans l'intervention des objets, l'altere & la décompose : & voilà l'imagination.

L'élasticité des fibres est due particuliérement aux esprits animaux qui les parcourent ; ce fluide singulier se subtilise, soit par la fermentation, soit par le mouvement impétueux des muscles dont le cœur est composé ; s'il est formé de parties faciles à s'embraser, le sensorium s'ébranle au moindre choc, & l'imagination devient un foyer ardent ; si rien ne fermente dans le tissu nerveux, le cerveau ne produit que des images languissantes, & l'homme stupide semble borné à des sensations.

Le sensorium est une espece de miroir plan où le monde physique & le monde intellectuel peuvent se réfléchir ; c'est là que l'imagination forme une gallerie de tableaux mouvans, qu sont également dessinés les objets existans & les objets possibles ; les animaux ne reproduisent dans leur sensorium que les images qu'ils ont vues, & voilà pourquoi leur imagination, s'ils en ont une, est si inférieure à celle de l'homme ; tous les êtres sensibles peuvent reproduire leurs idées : mais quel prodigieux intervalle la nature n'a-t-elle pas mis entre le miroir d'une Taupe & celui de Montesquieu ?

La cause physique de l'imagination est toute interne, puisque les tableaux qu'elle dessine existent dans l'absence des objets ; des expériences délicates d'Anatomie ont prouvé que le cerveau avoit deux mouvemens dont l'un répondoit à celui du cœur, & l'autre à celui des poumons : ces deux parties du corps humain semblent donc les ressorts destinés à faire mouvoir l'imagination ; le sensorium obéit à toutes les variations du syſtole & du diaſtole, comme à l'élévation & à l'abaiſſement du thorax, or mille cauſes derangent l'action naturelle du cœur & retardent ou accélérent le mouvement d'inſpiration & d'expiration; ces agitations convulſives alterent les vibrations réglées des fibres; & voilà l'origine des phantômes, des viſions, de l'enthouſiaſme & du fanatiſme.

L'imagination décompoſe un objet, mais il ne faut pas croire qu'elle en change l'eſſence; elle peut tracer dans le ſenſorium une roſe ſans couleur, une taupe créant l'Iliade, & un Homere ſans tête; mais elle n'y repréſentera pas un triangle qui n'auroit que deux côtés; le Sphinx des Poëtes & leur Chimere ſont des êtres poſſibles, mais un Cercle quarré n'eſt rien.

La liaiſon des idées diſparates eſt le grand vice de l'imagination, c'eſt par-là que cette faculté de l'ame tient à la folie : si divers faisceaux de fibres hétérogenes s'ébranlent à la fois dans un court intervalle de tems, les idées qui en résultent désignent une imagination déréglée ; si les fibres émues avec violence ne peuvent se rétablir, l'homme reste fou ; mais quand Maupertuis proposoit de percer le noyau de la terre, pour connoître les loix de la gravitation (a), un Étranger pouvoit-il distinguer le Philosophe qui a applati les Pôles, de ce Pere Eternel qu'on a vu si long-tems aux Petites-Maisons.

Les phantômes de l'imagination ont le plus grand pouvoir sur les jeunes-gens ; l'oisiveté les fait naître, on s'endort en les formant, & au ré-

---

(a) Lettre sur le progrès des Sciences, Œuvres de Maupertuis, tome 2, p. 366.

veil, l'erreur eſt déja auſſi ſacrée, que ſi elle avoit trente ſiécles d'antiquité.

Les ouvrages d'imagination, & ſurtout les Romans, ont le plus grand charme pour des cœurs encore neufs; une ame ſenſible eſt toujours à l'uniſſon avec eux, elle s'identifie aiſément avec les perſonnages qui parlent le langage de la nature, & voilà ce qui rend cette lecture ſi intéreſſante & ſi dangereuſe; il y a ſi peu de Clariſſes ſur la terre, & ſi peu de perſonnes dignes de lire ſon Hiſtoire!

Quand les charmes de l'amour n'occupent pas toute la capacité de l'ame d'une jeune perſonne, il arrive quelquefois qu'elle s'ouvre aux chimeres du Quietiſme; ce n'eſt plus un Roman qui allume ſon imagination, c'eſt un livre Aſcétique; notre viſionnaire croit habiter avec les Anges ou avec les

Diables, & cette illusion est bien plus difficile à dissiper, que si elle croyoit habiter avec Medor, ou avec Lovelace.

Le déréglement des fibres sensitives n'est pas toujours accompagné d'un acte de la volonté; les hommes stupides sur-tout, semblent n'avoir, à certains égards, qu'une imagination passive. Jacques I, qu'on avoit effrayé dans son berceau, frissonna toute sa vie à la vue d'une épée nue, Jacques I, ce Roi sans caractere qui fut petit & persécuteur, qui porta la Théologie sur le thrône, & qui crut gouverner les Anglois avec des syllogismes.

Quand un homme d'une imagination forte, a aussi du génie, il tient le sort des Nations dans sa main; si son cœur est déréglé, il embrase la terre; s'il est honnête, il la gouverne.

En général, une imagination forte, a beaucoup d'avantage pour persuader ; on ne sauroit imaginer vigoureusement, sans peindre de même : les signes caractéristiques des passions dans un homme passionné, tyrannisent bientôt les organes de ceux qui l'écoutent, & l'Orateur qui subjugue la machine, a bientôt subjugé la raison. Voilà pourquoi Cromwel, qui n'avoit point le don de parler, se faisoit obéir, avec tant de despotisme des illuminés de son Régiment ; l'éloquence des signes suppléoit en lui à celle des mots ; il avoit l'air de Démostene, & on le prenoit pour lui (*a*).

―――――――

(*a*) Toute l'éloquence de Cromwel consistoit dans des allusions ridicules au regne spirituel du Christ ; on peut en juger par ses harangues, que Milton nous a conservées dans ses *Stat papers*, & surtout par celle qui se trouve à la page 106 ; s'il vouloit créer un Pair, engager la

On obferve que l'imagination n'eft jamais auffi forte que depuis trente ans jufqu'à cinquante ; les fibres du cerveau ont alors acquis toute leur confiftance, & cette confiftance fe communique aux vérités & aux erreurs qu'a adoptées l'entendement ;

Nation à la guerre, ou faire exécuter Charles I à Witheall ; il trouvoit tous fes argumens dans le fermon de la Montagne, comme les Arufpices trouvoient tous les malheurs de Rome dans les vers des Sybilles ; ce Fanatique couronné, avoit même donné à tous fes foldats, des furnoms tirés du *Pentateuque* ; Cromwel, difoit un Auteur contemporain, a battu le tambour dans tout le *Vieux Teftament*, on peut apprendre la Généalogie du Sauveur par les noms de fon Régiment ; le Commiffaire n'a jamais d'autres liftes que le premier Chapitre de S. Matthieu. —Cromwel reffembloit beaucoup à Mahomet, je tracerai un jour ce parallèle.

c'est à cet âge que Mahomet se déifie aux yeux des Arabes, que Fox se fait Quaker, & que Milton compose le *Paradis Perdu.*

Mille causes physiques contribuent à fortifier l'imagination ; le vin & les liqueurs fortes opèrent cet effet, en minant lentement la machine, les Livres & les grands spectacles l'allument avec encore plus de succès, mais avec moins de danger ; le climat même où l'on a pris naissance, suffit pour déterminer le tissu nerveux à s'ébranler au moindre choc ; il est certain que les neiges éternelles du Pole, facilitent moins l'imagination, que le ciel fortuné du pays où nâquirent Montagne & Montesquieu.

Les hommes de Lettres sont plus exposés que le reste des hommes à être les jouets de leur imagination ; Malebranche a consacré une partie de sa *Recherche de la Vérité*, à prouver cette idée, & ses erreurs particulieres complettent la démonstration.

L'imagination semble nous avoir été donnée par la nature, pour veiller à la conservation de notre être ; je marche auprès d'un abyme, j'y tomberai sans doute, si je n'ai pour me sauver que le secours froid de la réflexion ; mais divers tableaux effrayans se gravent en caractere de feu dans mon cerveau ; je crois entendre le fracas du rocher que j'entraîne dans ma chûte ; je vois mon corps déchiré subir mille morts avant d'éprouver la derniere ; je me représente dans les convulsions du désespoir, une mere qui vient embrasser le cadavre mutilé de son fils, ces idées terribles agissent à la fois sur mes fibres sensibles ; je recule d'horreur, & le danger n'est plus.

Ce n'est pas dans la *Philosophie de*

la Nature qu'on peut s'étendre sur les vices de l'imagination & sur ses avantages ; cet article formeroit un volume entier, & le sujet ne seroit encore qu'effleuré.

Je finirai par l'examen d'un des plus étranges effets de la force de l'imagination, je veux dire, de la terreur qu'inspirent les ombres, les caracteres & les sortiléges, terreur que presque tous les hommes ont éprouvée dans l'âge tendre des préjugés, & que quelques-uns conservent encore dans l'âge mûr de la raison.

Il n'y a plus de sorciers, parce qu'on ne brûle plus les fous, & qu'on ne s'amuse pas à réfuter les rêveries des Démonographes ; mais il y a peu d'enfans qui voulussent se promener la nuit dans un cimetiere ; un grand nombre de femmes plaisantent sur les Amuletes & en portent, on voit même de tems en tems dans le fond des campagnes, des hommes de bonne foi, qui se vantent d'avoir été au Sabbat, & d'avoir été métamorphosés en boucs, pour converser avec Asmodée (*a*).

(*a*) Personne n'a mieux peint ce delire de l'esprit humain, & ne l'a mieux expliqué que Malebranche: voici comment s'exprime ce Philosophe : « Un pâtre dans sa
» bergerie, raconte après souper à sa femme
» & à ses enfans les aventures du Sabbat.
» Comme son imagination, est modérément
» échauffée par les vapeurs du vin, & qu'il
» croit avoir assisté plusieurs fois à cette
» assemblée imaginaire, il ne manque pas
» d'en parler d'une maniere forte & vive.
» Son éloquence naturelle, jointe à la disposition où est toute sa famille, pour
» entendre parler d'un sujet si nouveau &
» si terrible, doit sans doute produire d'étranges traces dans des imaginations foibles, & il n'est pas naturellement im-

DE LA NATURE. 65

Qu'on ne s'imagine pas que la Philosophie réussisse jamais à délivrer entiérement l'homme de ses erreurs & de ses terreurs ; il y a trop de causes qui concourent à courber sa tête sous le joug du préjugé, il y aura toujours

» possible qu'une femme & des enfans ne
» demeurent tout effrayés, pénétrés & con-
» vaincus de ce qu'ils lui entendent dire.
» C'est un mari, c'est un pere qui parle de
» ce qu'il a vu, de ce qu'il a fait : on l'ai-
» me & on le respecte : pourquoi ne le
» croiroit-on pas ? Ce pâtre le répéte en
» différens jours. L'imagination de la mere
» & des enfans en reçoit peu à peu des
» traces plus profondes ; ils s'y accoutu-
» ment, les frayeurs passent, & la con-
» viction demeure ; & enfin la curiosité
» les prend d'y aller. Ils se frottent de
» certaine drogue dans ce dessein, ils se
» couchent : cette disposition de leur cœur
» échauffe encore leur imagination, & les
» traces que le pere avoit formé dans leur

des esprits pusillanimes qui verront mal, & des persécuteurs plus petits encore, qui augmenteront les ténèbres de l'entendement, en opprimant ceux qui ont mal vu.

La croyance aux Phantômes & aux Talismans, vient de cette idée uni-

---

» cerveau, s'ouvrent assez pour leur faire
» juger dans le sommeil comme présens tous
» les mouvemens de la cérémonie dont il
» leur avoit fait la description. Ils se le-
» vent, ils s'entredemandent & s'entredi-
» sent ce qu'ils ont vu. Ils fortifient,
» de cette sorte, les traces de leur vision;
» & celui qui a l'imagination la plus forte
» persuadant mieux les autres, ne man-
» que pas de régler en peu de nuits l'Hi-
» stoire imaginaire du Sabbat. Voila donc
» des Sorciers achevés que le pere a faits,
» & ils en feront un jour beaucoup d'au-
» tres, si, ayant l'imagination forte &
» vive, la crainte ne les empêche pas de
» compter de pareilles Histoires ». *Recher.*

verselle, que des êtres invisibles gouvernent le monde ; puisque des intelligences que nous ne concevons pas existent, elles peuvent faire aussi des choses que l'homme n'est pas à portée de concevoir ; si ce bouc est Belze-

―――――――――――――――

che de la *Vérité*, *Tome I*, *dernier Chapitre*, pag. 422.

Comment un Philosophe qui expliquoit si bien les phénomenes de l'imposture & de la crédulité, a-t-il pu dire dans un autre endroit de son Ouvrage : *Il est indubitable que les vrais Sorciers méritent la mort.* *Ibid.* page 426. Comme s'il pouvoit y avoir d'autres Sorciers que les insensés qu'il a si bien dépeints ! comme si un homme qui auroit à son service une légion de Diables, pouvoit craindre les soldats de la Maréchaussée. — Encore une fois, admirons Malebranche, mais lisons-le avec précautions comme tous les Auteurs, qui, avec une imagination brillante, ont voulu subjuguer la raison humaine.

buth, ce bouc peut bien faire un Amulete.

L'homme entraîné par le torrent rapide du tems, voit d'un œil inquiet les flots qui le portent, & l'espace qu'il a parcouru; il voudroit encore étendre sa vue sur les dernieres limites de sa carriére, interroger le miroir de l'avenir, & voir d'un coup d'œil la chaîne entiere de son existence.

Ce desir inquiet fait naître tous les phénomenes de la crédulité; un chêne de Dodone parle pour prédire une victoire; Rome est perdue si ses poulets sacrés meurent de faim; placez une telle queue à la suite d'une cométe, & elle embrasera l'univers.

Quelque courage que la Philosophie donne contre les préjugés, on voit quelquefois le moindre obstacle physique le faire échouer; j'ai connu un militaire qui se battoit comme Duguesclin, & écrivoit comme le Marquis de Vauvenargues, par conséquent doublement intrépide; cet Officier Philosophe frissonnoit pendant la nuit lorsqu'il entendoit les éclats du tonnerre; il s'étonnoit le matin de sa terreur, il plaisantoit les femmes qui partageoient sa foiblesse, & un soir s'étant couché avec une fièvre légere, un orage terrible qui survint, le conduisit au tombeau.

Il y une grande raison qui conduit à croire qu'il y aura toujours des Spectres, des Talismans & des Démonographes, c'est que nous ignorerons toujours l'état futur de tout ce qui nous environne; l'imagination, à cause de son activité, tentera sans cesse de percer le voile de l'avenir, & l'homme deviendra crédule, ne pouvant devenir Prophéte.

L'amour du merveilleux que nous

semblons tenir de la nature, suffiroit pour éterniser notre crédulité, malgré tous les argumens du scepticisme; l'imagination abandonnée à elle-même, se plaît à entasser prodiges sur prodiges, chimeres sur chimeres, & elle défend ensuite contre la Philosophie, les monstres qu'elle a enfantés, parce que ces monstres sont son ouvrage.

Je ne trace point ici le tableau particulier du siécle absurde, où lire Euclide s'étoit faire un pacte avec le Diable, où le Parlement faisoit brûler les Sorciers, & ou Bodin écrivoit sa Démonomanie; je parle de tous les hommes & de tous les tems. Je suis persuadé que nous avons tous une pente singuliere vers la crédulité, soit que nous habitions en Europe, soit que nous devenions les concitoyens des Caffres, dans le siécle d'Aquilégius, & de Ferrabrit comme dans celui de Louis XIV.

Paris est peut-être le lieu de la terre où il y a le plus d'êtres qui pensent : c'est le centre de toutes les lumieres ; c'est le foyer ardent où tous les rayons philosophiques vont se réfléchir; n'importe, un homme de talent qui seroit armé de tous les prestiges de la Démonomanie, pourroit encore y faire long-tems illusion ; si cet homme est séduit, il ne fera qu'étonner ; s'il est séducteur, il fera secte.

J'aime mieux être Historien que Prophéte : voici un événement singulier arrivé à Paris en 1757, qui portera mon observation au dernier dégré d'évidence; ce fait, qui à certains égards, nous relegue parmi les Algonquins & les Missouris, est un monument nécessaire au Philosophe qui entreprendra des Mémoires pour servir à l'Histoire de l'esprit humain.

Les principales scenes de cette Tragi-Comédie, se sont passées aux galleries du Louvre, dans l'appartement du célébre Vanloo, & le directeur du spectacle étoit un des éleves de l'Académie de peinture (*a*). Il s'agissoit de prouver l'existence des Spectres, &, ce qui étoit encore plus merveilleux, d'en montrer au Sceptique le plus déterminé; la scene se passoit entre un Magicien qui faisoit le rolle de la Pythonisse, & un des

___

(*a*) Ceci n'est point un compte philosophique ; c'est un fait qu'on expose avec la plus grande vérité, sans en altérer les plus légeres circonstances ; l'aventure s'est passée au centre de la Capitale, & j'ose en appeller au témoignage d'une foule de spectateurs de tout rang & de tout âge ; on y a vu des personnes de la premiere distinction, telles que le Prince de Turenspectateurs

spectateurs qu'on vouloit rendre enthousiaste de la Démonomanie ; on faisoit retirer ce dernier dans un cabinet voisin qu'on fermoit sous clef; alors une personne de l'assemblée écrivoit sur un papier le nom du mort dont l'ombre devoit être évoquée ; le Magicien faisoit ses cérémonies, l'incrédule voyoit le phantôme, & pour en convaincre tout le monde, du fond de la retraite où il étoit renfermé, il le nommoit aux spectateurs.

La toile se leve, l'ombre est désignée, & le Démonomane commence

---

ne & le Duc de Mazarin ; des Physiciens, tels que l'Abbé Nollet, des Académiciens, des Bourgeois, des Paysans, & des Docteurs de Sorbonne. — Lorsque la crédulité commençoit à s'enraciner parmi le Peuple, Monsieur le Lieutenant de Police fit fermer le spectacle, & tous les Démons disparurent.

Tome III. D

ses conjurations en présence de toute l'assemblée ; il se dépouille de son habit, retrousse ses bras jusqu'au coude; se serre de rubans écarlates, remplit d'épingles le cœur d'un agneau, & brûle sur un réchaud des drogues, dont l'odeur infecte toute la gallerie ; ensuite il prend un coutelas, & trace des caracteres sur le mur, les glaces & les portes ; déja la magie opére ; les regards du Sorcier se détournent du cabinet avec une espece d'horreur, le frisson de la crainte s'empare de ses membres, & ses bras en contraction se roidissent comme pour repousser le phantôme qu'il évoque : après avoir lutté quelque tems contre son effroi, il répand sur le parquet les charbons embrasés, & le coutelas en main, il crie d'une voix funébre : *Prenez garde à vous* : l'initié qui dans le cabinet a partagé tous les mouvemens du Magicien, répond alors à ses cris, il répond d'un ton entrecoupé, qu'il apperçoit l'ombre & la nomme; en ce moment le Démonomane tombe par terre dans les convulsions de la douleur; on ouvre la porte, & l'initié paroît lui-même évanoui.

Un vieux Militaire soupçonne de la fourberie dans ce spectacle: on ne m'en imposera pas, dit-il, je veux moi-même parler au Spectre; je me suis trouvé à quatorze siéges & à dix-sept batailles, & j'ai bravé trop souvent le canon ennemi, pour m'éfrayer à la vue d'un phantôme; *qu'on m'ouvre le cabinet, & que le Spectre paroisse, s'il l'ose.*

Son offre ne fut point acceptée pour le moment, & un Curieux qui avoit sollicité cette faveur avant lui, entra dans le cabinet; l'Officier piqué résolut alors d'embarasser ou son concurrent, ou le Magicien, & demanda qu'on fît paroître le Diable.

Le Démonomane recommence ses conjurations, & à la fin perd la respiration, & tombe sans mouvement sur le parquet; l'initié à l'instant jette un cri aigu, & dit que le Diable l'emporte; au milieu du tumulte, l'Officier qui conservoit tout son sang froid, allume une bougie, & entre dans le cabinet; mais il n'y vit plus personne; étonné, mais non pas convaincu, il reprenoit le chemin de la salle, tout à coup des gerbes de feu partent de tous les angles du mur, la bougie s'éteint, & l'Officier frissonne pour la premiere fois de sa vie; la honte le retenoit encore, mais bientôt la flamme se renouvelle, le fracas augmente, & l'esprit fort se précipite hors du cabinet, en s'écriant, *qu'il ne sait pas se battre contre les morts.*

C'étoit une loi inviolable dans ces myftéres Théurgiques, qu'il n'y eût dans le cabinet, qu'un feul témoin de l'apparition du phantôme; un Philofophe qui ne croyoit point aux preftiges de la magie, trouva le moyen de fe gliffer dans le cabinet, & de s'y cacher; mais à peine le Magicien eût-il commencé fes cérémonies, que fon poulx parut s'élever, fes yeux devinrent ternes, & il s'écria d'un ton d'énerguméne: *Un profane vient de troubler nos myftéres..... Malheur à lui.... Malheur à moi....Il faut que l'un de nous deux périffe.* — Le Philofophe qui entendit l'oracle, ne jugea pas à propos d'en attendre l'accompliffement, & fe hâta de fortir de fa retraite; par un hazard fingulier, un chat de la maifon que les cris du Magicien avoit effrayé, voyant la porte du cabinet ouverte, fortit avec le Philosophe ; alors le Démonomane, prenant le rolle de Mahomet dans l'étonnante tragédie du fanatisme, dit d'un ton d'inspiré à l'assemblée: *L'Arrêt fatal n'est point révoqué ; mais il ne faut aux enfers qu'une victime : que le plus coupable de nous périsse à l'instant.* Ce dernier mot n'étoit pas encore achevé, lorsqu'on vit le chat entrer en convulsion, fermer les yeux, se débattre & mourir.

Tel est le tableau fidele d'une partie des prodiges de ce spectacle magique. Chaque représentation voyoit diminuer le nombre des incrédules ; lorsque l'initié s'écrioit qu'il voyoit le phantôme : l'homme du peuple se signoit, le Prêtre citoit Saül, & le Philosophe se trouvoit fort embarrassé, ne pouvant défaire le nœud gordien, & n'osant le couper.

Après avoir vu le spectacle du côté

du parterre, il eſt tems de le voir du côté du théâtre; il n'y a plus d'illuſion à craindre, quand on eſt placé auprès du Machiniſte.

Le Magicien étoit un homme plein de talents & de hardieſſe, dont la figure ſemblable à un maſque, ſe démontoit à ſon gré : la nature avoit placé ſon ame ſur ſon viſage, il eut été Garrick ſur la ſcéne, il ſe contenta de l'être dans la ſociété.

Le jeune homme qui faiſoit d'ordinaire le rolle d'initié, partageoit ſes talens, & étoit dans ſon ſecret; ces deux acteurs pleins d'intelligence, faiſoient ſeuls mouvoir toute la machine : vingt ans plutôt, Fontenelle les eût mis en parallele avec les Prêtres de Saturne, & eût enrichi de cet anecdote, ſon *Hiſtoire des Oracles*.

Voici comment l'initié, renfermé dans ſon cabinet, apprenoit le nom du spectre qu'on devoit évoquer; le Magicien frappoit sur la porte, & le nombre des coups qu'il donnoit avec son coutelas, désignoit les lettres de l'Alphabet; un coup étoit l'A; deux coups le B, &c. une ligne tirée le long de la porte marquoit E; cette ligne suivie d'un coup, F; de deux coups, G, &c. Deux lignes exprimoient K, & ainsi du reste. Le Sorcier avoit soin de répéter son alphabet sonore sur le mur de l'appartement, afin de tromper les spectateurs, sur l'uniformité des lignes : quand les conjurations étoient achevées, il disoit à son associé : *Prenez garde à vous* ; pour lui désigner que l'ombre qu'il devoit voir étoit celle d'un homme, & cette phrase répétée deux fois, signifioit que le spectre devoit représenter une femme : ainsi l'initié pour aller au Sabbat, n'avoit besoin que d'un crayon, d'un peu de mémoire, & de beaucoup d'artifices.

Lorsque ce jeune homme se laissa emporter par le Diable, il n'eut besoin que d'ouvrir une fenêtre, & de se laisser couler doucement sur le toît d'une maison qui touchoit au lieu de la scene; les gerbes de feu qui déconcerterent l'Officier, étoient des feux d'artifices habilement disposés autour des murs du cabinet; enfin, le chat qui mourut si à propos, venoit de manger le cœur d'agneau rempli d'épingles, qui avoit servi aux conjurations du Démonomane. — Nos Artistes durent sans doute une partie de leur succès au hazard; mais leur adresse les servit encore davantage, ils en avoient d'autant plus besoin, qu'ils sentoient assez qu'ils n'étoient pas au siécle des Druides; & dans l'antre des Sybilles.

Si ces hardis Démonomanes s'é-
toient trouvés au Pérou, dans le tems
de l'invasion de Pizarre, je ne doute
point que les sujets des Yncas n'en
eussent fait des Dieux, & que l'Inquisition Espagnole ne les eût fait
brûler.

Qui doute qu'avec un peu plus de
célébrité les Auteurs de ce spectacle
magique n'eussent pu être adorés &
persécutés ici, comme dans le nouveau
monde ? Du moins, s'il y a Paris des
Philosophes, il s'y trouve aussi des
Péruviens, & beaucoup d'Inquisiteurs.

On réussira toujours à étonner les
hommes, en leur offrant de grands
spectacles ; & de l'étonnement à la
crédulité, il n'y a peut-être qu'un pas ;
le Philosophe est le seul qui doute,
parce qu'il a la sagesse de se défier
de ce qu'il voit, de ce qu'il entend,
& sur-tout de ce qu'il imagine.

Du Caractere.

LE CARACTERE n'eſt peut-être qu'une maniere d'être particuliere à une ame, & dans ce ſens, le plus ſtupide des hommes a un caractere.

Quand l'habitude des mêmes mouvemens a forcé le tiſſu nerveux à contracter une forme particuliere, les eſprits animaux s'accoutument à couler de la même façon dans les fibres; le ſenſorium ſe façonne ſur le ton dominant, & l'ame, juſques-là ſans énergie, acquiert un caractère.

Il n'y a point d'êtres dans la nature qui ſe reſſemble, à moins qu'elle n'ait fait des Monades avant Leibnitz; on ne trouve point ſur la terre deux grains de ſable parfaitement homogenes, & la Phyſique des eſprits n'a pas d'autres loix que celle des corps.

Quand même la plupart des êtres matériels seroient essentiellement semblables, la diversité qui se trouve entre les yeux qui voyent, se rencontreroit encore dans les objets apperçus ; car la passion donne une teinte particuliere à tout ce qu'elle envisage ; un microscope, change les modifications des corps, & le caractere est le microscope des êtres intelligens.

Il y a cependant une foule de personnes qui paroissent sans caractere ; ce sont celles qui n'ont que des qualités indéterminées, & dont l'ame sans vice & sans vertu, n'offre aucun trait qui saille, comme les visages sans physionomie.

Je ne trouve point sur la terre d'être plus méprisable que ces hommes que le Philosophe ne peut définir, à qui l'exemple donne une ame factice, &

qui, dans le cours d'une longue vie, n'ont jamais eu le courage d'être eux-mêmes.

Je regarde auſſi les hommes ſans caracteres comme très-dangereux dans la ſociété ; car le bonheur de ſes membres n'eſt fondé que ſur le commerce des bienfaits qui ſuppoſe la confiance ; & comment ſe fier à une ſtatue mobile, dont les reſſorts ne jouent qu'au gré d'une main étrangere, & qui n'a tenu ſa parole aujourd'hui que parce que le vent d'Eſt a ſoufflé ?

Une Loi de Solon déclaroit infâmes tous les citoyens qui, dans une ſédition, ne prenoient pas un parti ; ce Légiſlateur ne penſoit point à protéger des rebelles, il ne vouloit que punir des hommes ſans caractere.

Par une contradiction bien digne de nos mœurs, on n'aime aujourd'hui dans le monde que les gens ſans caractere ; tout homme qui débute dans la société par afficher des principes, est perdu; les femmes ne protegent que ces automates complaifans, dont l'ame repofe fans ceffe dans un élement uniforme, qui attendent le premier coup d'archet pour mettre leur penfée à l'uniffon, qui font chez Antoine, les flatteurs de Céfar, & fon ennemi chez Brutus.

L'éleve de la nature ne fauroit s'étudier de trop bonne heure à fe former un caractere; il eft fi beau pour un être qui penfe de créer la chaîne de fes idées, de monter la machine de fon entendement, & d'exifter par foi-même.

Le Philofophe, sûr de lui-même, étudie enfuite tout ce qui l'environne; car il a des rapports néceffaires avec les hommes; la fociété eft l'élement des êtres qui penfent, & la nature ne fait point de Mifantropes.

Mais comment saisir le caractere des Protées avec qui l'on habite? tous les hommes différent entr'eux, & chaque homme différe encore de lui-même ; un Ministre au Conseil n'est point organisé de même qu'un Ministre à l'Opéra; César dans les bras de Cléopatre, n'est pas le César de Pharsale, & quel intervalle immense n'y a-t-il pas entre Newton qui fait graviter les planetes, & Newton qui commente l'Apocalypse ?

Le défaut d'ouverture dans les caracteres, empêche encore le Philosophe de les soumettre au flambeau de l'analyse ; la vérité elle-même devient mensonge dans la bouche de Tibere ou de Mazarin, & l'homme stupide, qu'on croit deviner, se voile dans ses contradictions.

Les actions même les plus éclatantes, ne dénotent pas évidemment un caractere ; la Religion de Huet a été un problème, malgré sa démonstration évangélique ; & dix ans d'humilité, dans le Cardinal de Montalte, ne désignoient que le despotisme de Sixte-Quint.

Qui croiroit que l'ingénuité même peut servir de voile à un caractere ? Un homme ingénu n'est pas un sot, parce qu'il ignore les choses de conventions ; sa naïveté peut être l'expression simple d'une idée, dont le fonds a beaucoup de délicatesse ; la Fontaine avoit dans la société, le ton des animaux qu'il faisoit parler dans ses Fables ; les amis mêmes de ce Grand-homme, étoient dupes de sa bon-hommie ; & sa servante qui croyoit le connoître, disoit : qu'il n'avoit pas assez d'esprit pour être méchant.

L'abus des mots contribue encore

à jetter des ténébres sur les caracteres ; par exemple, on croit définir un homme, quand on dit qu'il est sérieux ; mais combien le Philosophe ne voit-il pas de nuances dans les diverses acceptions de ce mot ? quelle sagacité ne faut-il pas pour subdiviser à l'infini, des êtres que le Peuple se plaît à confondre ?

On est sérieux, quand on a reçu de la nature un sang tempéré, & des fibres peu fertiles en esprits animaux.

L'habitude des manieres graves & des tons concertés, fait paroître sérieux l'homme qui a le moins de penchant au flegme & à la misantropie.

Une personne gaie devient sérieuse, quand son courage est abattu sous le poids de l'infortune.

Un homme stupide paroît sérieux, parce que ses organes sont passifs, & qu'il n'y a point de jeu dans les muscles de sa physionomie.

Un homme de génie comme Archimede est sérieux, parce que toute son ame est repliée sur elle-même, & qu'il ne semble exister que par son intelligence.

Le sérieux de l'oisiveté doit aussi se distinguer du sérieux de la distraction & de celui de la timidité; il faut encore moins confondre un homme sérieux par accès, avec un Philosophe sérieux par principe.

On abuse de même des noms qu'on donne aux autres caracteres; les inventeurs d'une langue définissent mal les hommes, parce qu'ils ne les connoissent pas; les gens du monde répetent ces définitions, parce qu'elles leur épargnent l'embarras d'observer; & les Philosophes qui voudroient étudier le cœur humain, sont arrêtés à chaque pas, soit par la langue de la science, soit par ses difficultés.

Le caractere des hommes eſt-il donc une énigme, que toute la ſagacité philoſophique ne puiſſe expliquer ? Non, ſans doute ; mais ce n'eſt point ici le lieu de juſtifier la Nature ; il ſuffit d'avoir annoncé le problême ; nous en donnerons ailleurs la ſolution (*a*).

───────────

(*a*) Voyez ci-après l'article qui a pour titre, *de la Paſſion dominante.*

Des Habitudes.

LEs fibres sont sans cesse remuées par les objets ; l'ame que ces mouvemens rendent plus heureuse, se plaît à les reproduire ; & plus elle les reproduit, plus elle acquiert de facilité à les reproduire ; voilà l'habitude.

L'habitude naît d'ordinaire dans un âge tendre ; c'est alors que les fibres se plient plus aisément au gré de l'ame, que les esprits circulent avec plus de rapidité dans les canaux, & que les molécules élémentaires dont les organes sont composés, s'arrangent dans un ordre presqu'inaltérable.

La Nature, d'abord instruit l'homme par la voix du plaisir, & par celle de la peine ; dans la suite l'activité des sens se fortifie, l'habitude prête plus d'énergie à la volupté, elle émousse les pointes de la douleur, & c'est l'homme qui instruit la Nature.

Comme il y a des mouvemens que le corps se plaît à reproduire, il y a aussi des idées que l'ame se plaît à répeter ; l'entendement peut donc s'exercer comme la machine aux tours de souplesse, & il y a un sens où Newton n'est au dessus du peuple qui l'admire, que parce que son esprit s'est habitué de bonne heure aux tours de force & aux voltiges.

Il est évident que tout le système des habitudes, dérive uniquement de la pente que tous les êtres ont à se conserver : les hommes qui pensent s'appliquent encore à tendre avec plus de force ce ressort de la nature, & alors l'unité de fin est réunie à l'unité de principe.

Quand une passion violente exerce

son activité sur une chaine d'idées, dont la liaison est tournée en habitude ; les pensées naissent d'elles-mêmes, sans que l'esprit puisse s'appercevoir de la route qu'elles ont suivies pour arriver au sensorium ; c'est alors qu'on est tenté de se croire inspiré ; l'habitude mise en jeu par une passion véhémente, est, suivant l'Abbé de Condillac, l'Apollon des Poëtes (*a*) ; &, suivant Maupertuis, ce seroit le Dieu des Prophétes (*b*).

Il suit de cette théorie, qu'il dépend en grande partie de nous d'avoir des talens & des vertus (*c*) ; je ne

---

(*a*) Traité des animaux, seconde Part. Chap. 9.

(*b*) Œuvres diverses, *tom.* 2, *Lettre* 18, *sur la divination.*

(*c*) Tel est aussi le sentiment de Locke, & de M. Helvetius ; j'invite à lire les preu-

vois pas en effet, pourquoi les hommes, ayant les mêmes organes, il y auroit entre eux des différences essentielles ; pourquoi l'homme stupide qui siffle *Cinna*, n'auroit pas le germe du génie de Corneille, & pourquoi il seroit métaphysiquement impossible à Néron de se donner la grande ame de Burrhus ; le Fatalisme anéantit l'homme, & conduit à blasphémer le nom sacré de la Nature.

Les qualités infuses sont dans la Morale, ce que sont les qualités occultes dans la Physique ; Achille n'est pas né plus brave que Thersite, & Racine plus Poëte que Pradon ; c'est

---

ves de ce principe dans les *Œuvres diverses du Métaphysicien Anglois. Tom.* 1. *p.* 150. *& dans le Livre de l'Esprit. Tom.* 1. *Discours* 3. *Ch.* 4. Quand ces Philosophes ont raison, ils forment une double autorité,

l'habitude de faire des vers, l'exemple, l'encouragement, & un violent amour de la gloire qui produifent le grand Poëte ; c'eft l'habitude de la bienfaifance, l'expérience de l'infortune, & la vue des malheureux, qui rendent un homme bienfaifant ; un Pfychologue qui explique tout par le caprice de la nature, reffemble au Phyficien, qui ramene toujours à Dieu, pour expliquer les phénomenes du flux & du reflux, du magnetifme & de l'électricité (*a*).

L'homme qui tend à la perfection de fon être, doit former en lui trois genres d'habitudes, & de ce triple

―――――――――――――――――

(*a*) La nature de cet Ouvrage m'empêche de m'étendre fur cette matiere ; j'efpere un jour développer cette idée fi neuve & fi féconde ; ici je ne fais qu'expofer les principes.

foin dérivent fa grandeur & la félicité de tout ce qui l'environne.

Il doit ne faire contracter à fes fens que des habitudes, qui tendent à conferver leur reffort; l'homme du monde, qui, avec le luxe d'Apicius, emprunte fon palais, doit à trente ans être privé de l'organe du goût; ce vieillard dont la tête eft courbée vers la terre, & qui, avec des yeux ternes & une voix éteinte, appelle encore l'amour, dont il a tant de fois abufé, eft entraîné par fes habitudes, à l'infortune & à l'opprobre, il n'eft au-deffus des gardiens mutilés des ferrails d'Afie, que parce qu'il eft plus proche de la tombe.

Le Philofophe ne doit faire prendre à fon entendement que des habitudes qui le perfectionnent; il faut qu'il accoutume fon efprit à cette juftefſe qui conduit au talent, & qui l'embellit; qu'il satisfasse sa curiosité, parce qu'elle est le germe des grandes choses; & sur-tout qu'il éloigne de lui ce vaste amas de préjugés & de terreurs, qu'il adopte toutes les fois qu'il cesse de réfléchir, & qui ne servent qu'à rendre l'homme petit & malheureux.

L'éleve de la nature doit sur-tout plier de bonne heure son ame à l'amour de l'ordre; une heureuse habitude contractée dès l'enfance, devient dans l'âge viril une vertu; les fibres se disposent sans peine au gré de la volonté, & Marc-Aurele, qui n'étoit à dix ans qu'une heureuse machine, devient à trente l'ame la plus sublime que renferment les deux mondes.

Faire contracter à ses sens, à son entendement & à sa volonté d'heureuses habitudes, voilà le précis de la morale; ce sont aussi les trois pivots fur lefquels doit rouler toute l'éducation de la jeuneſſe; que les Légiſlateurs bâtiſſent leurs Codes fur cette idée, &, avant quatre générations, ils verront leurs États peuplés d'hommes vigoureux, de génies & de Sages.

ESSAI
SUR LES PASSIONS.

CET article fera court, on a déja tant écrit fur les paffions ! Il me femble que tout Livre où il n'y a rien de neuf, eft un crime envers le public.

On peut obferver encore que la peinture des grandes paffions, telles que l'amour, l'amitié, &c. trouveront leur place dans la fuite de cet Ouvrage, quand j'examinerai les nœuds qui lient l'amant à fa maitreffe, le pere à fon fils, & l'ami à fon ami ; un coup d'œil général fuffit en ce moment ; on va faire mouvoir la machine entiere, & dans la fuite on pourra la décompofer.

SECTION I.
IDÉES GÉNÉRALES.

IL y a une chaîne d'Ecrivains, d'ailleurs respectables, qui ont fait un crime à la nature, d'avoir créé les passions dans le cœur de l'homme, ou à l'homme passionné de suivre l'instinct de la nature ; c'est accuser la suprême Intelligence d'une contradiction qui n'est que dans l'esprit de ses détracteurs (*a*).

(*a*) Voici une contradiction des plus singulieres d'un célébre détracteur des passions ; je ne ferai que copier le Pere Malebranche. — Les passions sont sagement établies par rapport à leur fin ; c'est-à-dire la conservation de la santé & de la vie, l'union de l'homme avec la femme, la société,

Les passions sont l'ame du monde sensible : pourquoi s'est-on contenté de dire qu'elles en étoient le fléau? La plûpart des Moralistes qui ont déclamé si éloquemment contre elles, ressemblent à mes yeux à ces Empiriques qui créent des maladies nouvelles, afin d'avoir le droit exclusif d'en être les Médecins.

Les Philosophes qui font deux classes des passions, & qui disent que les unes sont permises, & que les autres sont défendues, sont également absurdes sans être aussi dangereux; c'est le cœur qui est criminel & non

---

&c; mais elles sont extrêmement contraires à l'acquisition des vrais biens, des biens de l'esprit, des biens dus au mérite & à la vertu. — *Traité de Morale. Tom.* I, *Chap.* 13, *page* 277. — Rapporter les paroles de ce Philosophe, c'est les avoir assez réfutées.

la faculté d'aimer ou de haïr; toutes ces paſſions ſont bonnes quand l'ame eſt maitreſſe; elles ſont toutes mauvaiſes quand elle eſt eſclave.

Les paſſions ſont auſſi eſſentielles au tout humain, que la penſée l'eſt à l'entendement, & les muſcles à l'action des organes; il n'y a qu'un ſeul équivalent à la folie de vouloir les empêcher de naître, c'eſt de vouloir les anéantir.

Si l'homme étoit borné à ſes ſens & à ſa froide raiſon, il ne ſeroit plus qu'une ſtatue organiſée; il n'y auroit aucun mouvement dans l'ordre moral; les grands talens ſeroient anéantis, & la vertu ceſſeroit d'être ſublime.

La raiſon ne fait rien ſur la terre; ce ſont les paſſions qui la font mouvoir, & qui la bouleverſent; les paſſions ſont ces mers terribles où les vaisseaux voguent sans cesse, mais au milieu des tourmentes & des orages; la raison est cet océan pacifique où le navigateur, arrêté par un calme éternel, partage l'inertie du ciel & des eaux, ne vit que dans l'anéantissement, & n'existe pas même assez pour desirer de mourir.

D'un autre côté si les passions étoient les seules puissances de l'ame, elles seroient fatales au genre humain; le cœur, toujours déchiré par des convulsions internes, ne goûteroit jamais de sérénité; il se cousumeroit à force d'agir & de réagir; non la Nature n'a pas créé notre ame pour s'épuiser en vains combats; lorsque le désordre est à son comble, la raison paroit, & l'équilibre est rétabli entre nos facultés.

Parmi les passions il y en a qui paroissent appartenir plus particuliérement à l'ame, & d'autres aux sens; quand on jette un coup d'œil philosophique sur ce tronc immense & sur ses diverses ramifications, on s'apperçoit qu'il n'y a proprement que deux passions primitives, l'amour & l'ambition. L'amour est le ressort du monde physique, & l'ambition celui du monde moral; toutes les autres passions ne sont que des rouages qui cédent à l'impulsion de ce double mobile.

Les passions se nuancent & se modifient suivant les tems, les lieux & les caracteres; les Romains n'avoient pas les passions des Italiens du siécle de Machiavel; un Arabe n'est pas passionné de la même façon qu'un Samoyede; qui sait même si toutes les combinaisons sont épuisées ? Il en est peut-être de ces mouvemens de l'ame comme des caracteres de l'Imprimerie ; il y a encore mille passions à naître, comme il y a mille livres à faire.

On voit quelquefois dans la société des hommes sans tempérament, dont les muscles sont sans activité & l'ame sans ressort ; la raison peut beaucoup sur ces automates ; il y a d'autres personnes que la Nature a douées de la plus grande sensibilité, qui, avec des organes vigoureux, ont une ame prompte à s'embraser ; de tels êtres secouent aisément le joug de la raison ; mais aussi ils ont un double mérite, quand ils deviennent Philosophes.

Chez les hommes même les plus sensibles, les passions n'ont pas toujours le même degré d'activité ; il y a dans la vie des momens d'ennui où l'ame paroit usée, & ou l'existence semble nous échapper ;

telle eft quelquefois l'heure qui fuit une jouiffance ; Sappho, lorfque Phaon n'étoit plus dans fes bras, n'auroit jamais fait ces ftrophes brûlantes que Boileau a fi bien traduites, quoiqu'il n'ait jamais aimé.

S'il y eût jamais un tems favorabl à l'activité des paffions, c'eft celui des guerres civiles ; il y a alors une fermentation univerfelle dans les efprits; l'état s'ébranle, mais les ames fe fortifient ; il femble que les organes s'agrandiffent, & que la Nature double les forces de chaque individu ; c'eft alors que les états & les particuliers prennent un caractere, que Céfar & Cromwel étonnent l'Europe, & que les Rois ne font plus que des hommes.

Le fommeil des empires eft le triomphe de l'inégalité ; mais une révolution remet tous les hommes à leur place; cependant il est triste pour l'humanité qu'il faille que les Rois chancelent sur leur trône, & que les états se renversent pour que l'homme politique devienne l'homme de la nature.

SECTION II.
DU MÉCHANISME
DES PASSIONS.

LE méchanisme des passions s'explique par celui du tissu nerveux; l'ame est passionnée toutes les fois que les fibres sensitives & intellectuelles agissent avec force sur elle, & déterminent les fibres de sa volonté à se mouvoir habituellement dans la même direction. Quand l'imagination ou les objets physiques ne multiplient en elles que de légeres sensations, l'ame ne contracte que de douces habitudes; mais elle s'abandonne aux transports passionnés, quand tout le tissu nerveux éprouve des vibrations convulsives, que les fibres s'ébranlent avec une rapidité que l'esprit ne peut suivre, & que tous leurs mouvemens semblent se confondre; c'est alors que l'hómme, en proie a un délire passager, obéit aveuglement à une impulsion étrangere ; toutes ses facultés sont en action, hormis celle qui met l'équilibre entre elles ; tout veille chez lui, excepté la raison.

SECTION III.
DE LA GÉNÉRATION
DES PASSIONS.

Pope, le Poëte des Philosophes, a dit dans son admirable *Essai sur l'Homme*, que les passions étoient les modifications de l'amour-propre (a).

(a) On a dit plus haut, que l'amour & l'ambition étoient les germes primitifs de toutes nos passions, & ici on ramene tout, avec Pope, à l'amour; mais il n'y a point dans ces idées de contradictions; l'ambition n'est elle-même qu'une modification de l'amour-propre, & ce n'est que pour répandre plus de jour dans la métaphysique, qu'on distingue l'amour, fondateur des passions physiques, de l'amour, fondateur des passions morales; on partage la chaîne en deux, pour fatiguer un peu moins la vue de l'entendement.

Cette définition lumineuse dit en trois mots ce que Locke a prouvé péniblement en vingt pages; & voilà l'avantage que l'homme de génie, qui peint, a sur l'homme de génie qui disserte.

L'homme s'aime ; par conséquent il est intéressé à chercher son bien-être, & à fuir tout ce qui peut lui nuire ; or le plaisir & la douleur sont les deux pivots sur lesquels roulent toutes ses passions ; il n'y auroit sur la terre ni amitié, ni vengeance, ni grandeur d'ame, ni petite vanité, si nous étions insensibles.

Le premier degré de plaisir qui accompagne l'existence, est la gaieté; si la sensation est plus vive, elle fait naître la joie ; si le principe sensible réunit toutes les facultés de l'ame, & concentre leur activité dans le même foyer; l'homme alors épuise par tous ſes ſens la coupe de la volupté.

Plus le bonheur qu'on a goûté eſt grand, plus l'ame appréhende de le perdre ; voilà l'origine de la crainte ; mais l'homme ne craint que parce qu'il s'aime.

La crainte elle-même prend tant de nuances diverſes, que l'œil du Philoſophe a peine à la ſuivre dans les diverſes métempſycoſes. Catilina dans ſa priſon craint le ſupplice auquel il ne peut échapper, & l'Italien ſuperſtitieux craint la chûte impoſſible des étoiles ſur ſa tête ; un Guerrier intrépide craint la préſence d'un ſpectre ; une fille ingénue craint auſſi la vue du lit nuptial, qui doit être le tombeau de ſa virginité, mais non pas de ſa vertu.

La crainte ne marche point ſans l'eſpérance, parce que ces deux paſfions dérivent également de la probabilité du bien & du mal ; Denys & Cromwel craignoient à chaque inftant de perdre leur couronne, & efpéroient de la conferver ; un Marin dont le vaiffeau vient d'être englouti par l'orage, friffonne à la vue de la mort, & nage encore pour l'éviter ; il n'y a qu'une paffion dominante qui puiffe faire taire l'efpérance & la crainte dans une ame fenfible ; voyez Regulus qui retourne à Carthage, il ne craint point les tourmens qu'on lui prépare, il n'efpére pas de s'y dérober ; fon ame fublime ne connoît de toutes les paffions humaines que l'amour de la patrie.

La crainte fait place à la triftefle quand l'ame voit déchirer le bandeau de l'efpérance, & que l'horifon qui fe développe ne découvre à fes regards que l'image de la douleur ;

mais fi, empruntant le microfcope de l'imagination, l'homme voit dans l'avenir une chaine infinie de malheurs dont il ne preffe encore que le premier anneau, alors fa triftesse dégénére en défefpoir, il maudit fon exiftence, s'emporte contre la Divinité, & meurt comme Ajax, en la blafphémant.

L'homme qui s'aime parcourt avec avidité tous les objets qui peuvent le rendre heureux ; il eft curieux, parce qu'il veut varier fes fenfations agréables, &, quand un plaifir nouveau fatisfait fa curiofité, il fent naître pour lui le fentiment de l'admiration.

L'homme ftupide admire encore plus que l'homme de talens, parce que l'admiration eft d'ordinaire l'appanage de l'ignorance; mais fon ame pufillanime s'arrête à ce terme, tandis que le génie le franchit pour arriver à l'enthoufiafme.

Je définis l'enthousiasme, l'admiration des ames fortes ; tandis qu'un homme vulgaire admire un ouvrage, une imagination ardente le fait en le lisant. Transportez Racine & Cotin à la premiere représentation de *Cinna* ; le dernier dira : Corneille est un grand homme ; le premier fera encore mieux : il écrira *Britannicus*.

Il est peut-être pardonnable à l'Auteur de *Britannicus* de faire succéder la passion de l'orgueil à celle de l'enthousiasme. — Le développement du caractere de Néron n'est-il pas un chef-d'œuvre ? Le contraste de Burrhus & de Narcisse n'est-il pas l'ouvrage du génie ? Y a-t-il eu depuis Virgile un Poëte plus parfait que Racine ? Et si par hazard cette tragédie tomboit, l'ame de son Auteur n'en devroit être que plus fiere ; le créateur de *Britannicus* sentiroit alors combien il est supérieur au public.

L'orgueil ne devroit être toleré que dans les hommes de génie ; c'est une espece de dédommagement que la nature leur accorde pour les consoler de la haine des petits talens ; mais cette passion est commune à tous les hommes ; c'est la premiere qui fermente dans le cœur, & la derniere dont il se dépouille ; une femme s'attribue les talens que lui accordent ses adorateurs, Pradon pensoit qu'il avoit du génie, & Caligula se croyoit un dieu.

Il y a une grande différence entre la vanité des petits esprits & la fierté des grands hommes ; le Marquis de Louvois qui n'étoit que vain dégradoit Louis XIV, mais Colbert, qui avoit de la fierté, ressuscitoit dans Paris l'ancienne Carthage, rappelloit le siécle d'Auguste, & remplaçoit Sully,

L'amour de foi conduit aussi les ames foibles à envier dans les autres les biens qu'elles ne partagent pas ; quand l'envie s'exerce sur les talens, elle entraîne avec elle son supplice ; en effet, cette passion n'est alors qu'un aveu forcé du mérite qu'on n'a pas ; l'envie est peut-être le plus grand fléau du monde moral, car elle fait le malheur des grands hommes & celui de leurs persécuteurs ; c'est le tigre qui déchire les cerfs & qui dévore ses petits.

L'homme de génie punit l'Envie, en souriant dédaigneusement sur les efforts qu'elle fait pour distiller son poison ; mais le mépris se pardonne bien moins que la haine ; Pradon, humilié, souleve contre la *Phédre* de Racine, l'hôtel de Rambouillet, & voilà la vengeance.

Un Moderne a dit que le plaisir

qu'on goûte à se venger, étoit le quart d'heure d'un criminel qui sort de la question (*a*) : cette définition devroit bien guérir les hommes du tourment de haïr & de la fureur de se venger.

La vengeance est le vice des esprits vulgaires. On ne cherche à se venger que lors qu'on se sent blessé ; & que peuvent les traits de l'envie pour blesser un grand homme ? Un colosse n'est pas affecté, de ce qui écrase un atôme.

En traitant de la maniere dont s'engendrent les passions, je n'ai point prétendu suivre le germe fécond de l'amour-propre jusques dans ses derniers développemens ; je n'ai voulu

---

(*a*) Principes de la Philosopie morale, page 250.

qu'indiquer une route à l'homme qui pense ; il n'y a pas de livre plus ennuyeux & moins utile, que celui où l'Auteur dit tout.

SECTION

SECTION IV.

DE L'AMOUR.

Principe du Monde Physique.

CET article ne servira que d'introduction à ce que je dirai dans le quatrieme livre de cet Ouvrage sur ce sentiment inné dans tous les êtres, qui est à la fois un principe de félicité & un germe inépuisable d'existence.

D'obscurs Misantropes ont fait un crime de l'amour (*a*); c'est le comble

---

(*a*) Il n'y a que des Enthousiastes qui aient pu imaginer la nécessité impossible de détruire l'amour; semblables à un homme, qui, effrayé des malheurs causés par la chûte de quelques corps, souhaiteroit l'extinction de la gravité, & par consé-

de l'extravagance humaine d'avoir voulu dégrader un sentiment sans lequel il n'y auroit point d'hommes sur la terre : la nature dit à tous les êtres de se propager, & il n'y a que les apôtres du néant qui méritent d'être anéantis.

L'amour dans les tempéramens froids & dans les cœurs énervés n'est qu'un sentiment ; mais c'est une passion chez un homme ardent, dont tous les pores du corps & toutes les puissances de l'ame s'ouvrent sans peine aux impressions du plaisir.

L'amour ne se laisse pas toujours guider par l'intérêt des sens : si cela

---

quent le dérangement du système de l'univers. *Essais de Politique & de Morale du Baron de Haller, page 58.*— C'est aux hommes qui ont étudié comme lui la nature à la défendre contre de vils blasphémateurs.

étoit, nous n'offririons jamais nos hommages qu'à une beauté parfaite ; & comme la nature ne multiplie pas les prodiges, quelques individus feroient heureux, mais la race humaine feroit incapable d'aimer.

C'eft ordinairement le caractere qui fait naître une paffion véhémente : on admire une beauté réguliere ; mais on s'embrafe pour une femme dont les graces ne font piquantes que pour nous, qui partage notre degré de fenfibilité, & dont l'ame eft à l'uniffon avec la nôtre ; cette réflexion conduit à un grand principe : c'eft lorfque l'homme fait plus que jouir, il fait aimer.

Il y a dans la paffion humaine de l'amour deux objets qui n'échappent pas à l'œil du Philofophe ; le defir phyfique de fe propager, & le befoin moral de vivre en fociété : fi on fépare ces deux sentimens, on détruit, ou l'amour, ou la vertu.

Ce principe plus développé servira dans la suite à réfuter deux paradoxes d'autant plus dangereux, que de grands hommes les ont fait naître, & que le peuple de toutes les nations est porté à mettre l'autorité du génie en parallele avec celle de la nature.

Le premier est cet amour platonique qui subsiste indépendamment des sens, & qui dérive de l'idée métaphysique de l'harmonie universelle : ce commerce sublime entre des intelligences n'est pas fait pour des êtres mixtes ; l'homme est composé de deux substances, & pour le rendre heureux, la Philosophie ne doit pas le déchirer.

Un Moderne célèbre qui a l'imagination de l'éleve de Socrate & quelquefois ses écarts, a eu sur l'amour une idée encore plus dangereufe. Il a écrit que dans cette paffion il n'y avoit que le Phyfique de bon : ainfi ce Philofophe, pour ne pas imiter Platon, a copié Diogéne.

L'amour eft vil fans l'union des ames; mais fans l'intérêt des fens il n'eft rien.

Ne profanons pas l'amour en le confondant avec ce fentiment ébauché qu'on nomme galanterie, & qui confifte à offrir un culte fans conféquence à toutes fortes de divinités, à fubftituer le jargon de la politeffe aux expreffions brulantes de l'enthoufiafme, & à adorer fans aimer.

Les Spartiates, les Samnites & les Romains n'étoient point galans : un jeune homme alors fuivoit la pente de fon cœur, méritoit la main de fa maîtreffe, & n'aimoit qu'une fois ; chez nous l'amour confifte à fubjuguer les femmes, à tromper leurs desirs, & à les deshonorer.

La nature semble avoir partagé en deux l'intervalle de la vie humaine: dans l'une elle a placé l'amour avec toutes les affections qui ont pour objet les sens ; dans l'autre elle a mis l'ambition avec tout son cortege de passions intellectuelles.

C'est dans la jeunesse que les sens toujours en effervescence entretiennent le délire de l'amour : l'instant où le germe de cette passion commence à se développer, est celui où les organes ont acquis leur dernier degré de perfection. Si une éducation sybarite n'a pas embrasé l'imagination d'un jeune homme avant le tems, & énervé son ame avant qu'elle fût en état de jouir, il n'est instruit des besoins de la nature que par la nature elle-même. Si dans ce moment de fermentation la beauté qu'il doit aimer fe préfente à fes regards, fes timides palpitations annoncent la fougue de fes defirs, le fentiment abforbe les diverfes puiffances de fon ame, & tout fon être eft fubjugué.

En Europe, l'éducation qu'on donne au fexe, prévient l'embrafement prématuré des fens, mais force l'efprit à fe plier à des idées pufillanimes : on écarte avec foin de l'imagination d'une fille tous les tableaux qui pourroient l'inftruire du phyfique de l'amour; mais on a foin de faire fermenter en elle ce principe inné de vanité qui pervertit toutes les paffions énergiques, ou les empêche de naître : tout ce qu'elle voit, tout ce qu'elle lit, tout ce qu'elle entend lui perfuade qu'elle eft fupérieure à l'homme ; dès lors elle fe fait un art de coquetterie pour éternifer l'illufion de fes adorateurs ; elle ne cherche point à aimer, mais à féduire : & quand fes charmes commencent à fe flétrir, privée d'amis & d'amans, & feule au milieu du tourbillon de la fociété, elle termine fon infipide carriere fans avoir connu la nature.

Nous nous étonnons de ne trouver les femmes qu'aimables fans être fenfibles, & voluptueufes fans être paffionnées : ne nous en prenons qu'à l'éducation nationale qui intervertit l'ordre de leurs facultés, foumet leur cœur à leur imagination, & énerve leur ame pour conferver leurs fens.

Il me femble que l'unique moyen d'épurer l'amour, c'eft d'en faire une paffion : c'eft alors que ce feu célefte peut devenir l'aliment des ames les plus fublimes : un Seigneur parfumé dans les bras de Ninon, me paroît un être bien petit ; mais un jeune homme, né avec un cœur fenfible & des organes vigoureux, qui ne fçait point faire fa cour, mais qui aime avec violence, & qui fe rend vertueux avec fa maîtreffe, pour la mériter, eft à mes yeux le chef-d'œuvre de la nature.

SECTION V.

DE L'AMBITION.

Principe du Monde Moral.

IL ne faut point oublier que cet essai sur les passions n'est qu'un Prospectus, & que l'ouvrage ne se fera que dans le quatrieme Livre de la *Philosophie de la Nature*.

L'ambition est, comme l'amour, la passion de l'être ; mais l'unité qui est entre leurs principes ne se trouve pas entre leurs fins : l'amour aspire à des jouissances physiques; l'ambition se propose des plaisirs intellectuels, & ordinairement un bonheur de préjugé.

L'amour s'éteint par la jouissance;

mais l'ambition la fait servir d'aliment à sa cupidité. Ses desirs satisfaits s'irritent davantage ; elle voit toujours au-delà du plaisir qu'elle goûte, & cela l'empêche de le goûter.

L'ambition se loge dans le cœur de tous les hommes : elle est dans le Cénobite qui veut placer sur son froc une croix de bois, comme dans le Guerrier qui veut se faire chamarer de tous les cordons de l'Europe : elle anime le Caraïbe qui ne cherche qu'un hamak, comme Alexandre qui veut multiplier les mondes pour avoir la gloire de les conquérir.

L'ambition par elle-même n'est pas plus mauvaise que l'amour ; car la nature nous dit d'aggrandir notre être, aussi-bien que de le multiplier : c'est dans une ame déja criminelle que cette passion se déprave, comme on voit en Italie l'eau la plus pure se corrompre en paffant fur le terrein bitumineux de la Solfatare.

Ce principe du monde moral fe modifie de mille façons, & s'amalgame avec tous les caracteres : tâchons de le fuivre, du moins dans fes principaux développemens.

Les hommes de lettres & le peuple qui ne fait que répéter leurs oracles, donnent le titre exclufif d'ambition à cette fureur d'accumuler fur fa tête des biens évalués par le caprice, & confacrés par le préjugé : fuivant cette définition tout ambitieux eft un être petit, malheureux & fuperbe qui tourmente fon exiftence dans de pénibles bagatelles dont il a la foibleffe de s'enorgueillir.

Ce qu'on appelle un Conquérant eft plus méprifable encore ; car c'eft un enfant méchant qui enfanglante fes hochets.

Le desir de vivre après sa mort en faisant du bien aux hommes, est l'ambition la plus noble qu'une intelligence sublime puisse se permettre: tel étoit le but des deux Antonins sur le trône des Césars; tel fut celui du Titus de la Lorraine que le malheureux a connu, & qu'il a tant regretté.

L'ambition de la gloire littéraire mérite de marcher après l'amour de la bienfaisance : elle consiste à agrandir son ame comme la passion des Conquérans à étendre les limites d'un empire. Un homme tel que Léibnitz brûle de s'approprier l'intelligence de plusieurs grands hommes, comme Gengiskan les Etats de plusieurs Monarques.

On a dit que l'amour des lettres n'étoit pas une passion digne de nous (a).

―――――――――――――――――

(a) Tel est aussi le sens de ce fameux

L'homme de génie qui a avancé ce paradoxe, l'a réfuté lui-même en l'écrivant, comme Zénon réfuta autrefois un Philosophe qui nioit le mouvement en marchant devant lui.

Je ne justifierai pas de même cette espece d'ambition qui consiste à vouloir primer dans le monde, & à être l'idole de ce qu'on appelle la société: quand on est un peu répandu dans ce tourbillon, on s'apperçoit que pour réussir, il suffit d'y apporter de petits

---

blasphême, qu'on a condamné comme d'un Auteur de l'Encyclopédie, mais qui est mot à mot dans le Marquis de Vauvénargues: *La plupart des hommes honorent les Lettres comme la Religion & la vertu; c'est-à-dire, comme une chose qu'ils ne peuvent ni connoitre, ni pratiquer, ni aimer.* Introduction à la connoissance de l'esprit humain, Livre 2, page 65, deuxiéme paragraphe.

talens, un grand fonds de présomption, & un goût effréné pour les plaisirs; tous ces jolis automates que les hommes étudient, & que les femmes s'arrachent, n'ont jamais eu une ame; ils brillent dans la bonne compagnie; mais qu'ils seroient petits dans le cabinet de Locke ou à la Cour de Marc-Aurèle!

L'amour des richesses n'est pas essentiellement une passion criminelle : puisque l'or & l'argent sont l'instrument de nos besoins, on peut les desirer aussi légitimement que les biens qu'on acquiert avec le secours de ces métaux : cette sorte d'ambition ne devient un crime que dans les hommes qui ne savent pas la borner. Tel est l'avare, espece de monstre qui se tourmente cruellement pour que tout ce qui l'environne soit malheureux, & à qui la nature n'a donné des richesses que pour que le sage s'en dégoûte.

On peut remarquer qu'à l'exception de l'avarice, toutes les classes de l'ambition peuvent se rapporter à un amour inné de la grandeur : il est aussi essentiel à l'ame de s'étendre que d'exister; c'est par-là que l'homme différe de l'Etre suprême, & des derniers élémens da la matiere : l'atôme ne peut rien acquérir, parce qu'il n'a rien, & Dieu parce qu'il a tout.

SECTION VI.
DE L'OISIVETÉ.

LA nature a-t-elle fait de l'homme un être contradictoire ? Elle a placé dans notre ame un principe d'activité qui en tend tous les ressorts, avec une pente invincible vers le repos : ces deux forces se combattent sans cesse sans se détruire, l'une indique la route du bonheur, l'autre paroît s'identifier avec lui ; mais on en est encore plus proche quand on le cherche, que quand on croit l'avoir trouvé.

L'homme le plus actif voit toujours en perspective l'oisiveté qui doit couronner ses travaux : c'étoit pour se reposer un jour que Pyrrhus livroit vingt batailles, & que Lopez de Vega faisoit quatre cens comédies ; le repos ne vint jamais, & ces deux hommes célébres en furent moins malheureux.

Notre ame est trop active & trop inquiéte pour s'accommoder du sommeil léthargique de l'oisiveté : de plus le repos mene à l'ennui, & l'ennui est le pere des crimes. Nous devons l'*Homme machine* à l'ennui de Lametrie; Tarquin s'ennuie dans la cour de son pere, & il viole Lucrèce; Tamerlan s'ennuie dans Samarcande, & la terre est ravagée.

L'amour de l'oisiveté commence par le délire de l'imagination avant de devenir une passion violente : aussi la saine politique doit-elle s'occuper à écarter tous les tableaux de ce genre qui pourroient faire illusion. Un Empereur Chinois dont la maxime étoit que, s'il y avoit un homme oisif dans ses États, quelqu'un mourroit de faim dans l'Empire, fit détruire plusieurs monastéres de Bonzes. Les Enthousiastes de Foë, & les Prêtres de Laokium frémirent, & calomnierent en secret le Gouvernement ; mais les Lettrés, les Mandarins & les Sages applaudirent à cet acte de vigueur : & l'Édit mémorable qui rendit à la Société d'obscurs frénétiques, fit plus de bien à la Chine, que l'établissement de vingt sociétés d'agriculture.

C'est mal-à-propos que les loix civiles sont muettes sur l'oisiveté (*a*) :

―――――

(*a*) Il y a dans l'ouvrage à jamais respectable des *Délits & des Peines*, un Chapitre singulier sur l'oisiveté politique, qu'il ne faut lire qu'avec précaution : voici le texte avec quelques réflexions que sa lecture m'a fait naitre.

Des Gouvernemens sages ne souffrent point au sein du travail & de l'industrie, l'oisiveté politique. J'appelle oisiveté politique, celle qui

on ne guérit point la gangrène des États par l'appareil des supplices : un Législateur doit plus s'occuper à

---

ne rend à la Société, ni travail, ni richesse ; qui acquiert toujours sans jamais perdre, qui respectée du vulgaire, avec une stupide admiration, est aux yeux du Sage un objet de mépris, qui manquant du seul motif qui excite l'activité de l'homme, la nécessité de conserver & d'acquérir les commodités de la vie, laisse toute leur énergie aux passions de l'opinion, qui ne sont pas les moins fortes. — Jusqu'ici on ne peut qu'applaudir au zéle patriotique de notre Philosophe. Au reste les Gouvernemens commencent à ouvrir les yeux sur cette espéce d'épidémie insensée, qui menaçoit d'infecter le corps entier de la Société ; une grande révolution se prépare dans les esprits ; le Philosophe, du sein de son cabinet, fait penser le Peuple & fait agir les Rois, & je me persuade qu'avant cinquante ans, les oisifs dont il est parlé ici, n'existeront plus que dans la mémoire des hommes.

prévenir les crimes qu'à les punir; il doit dire comme Aurengzeb à l'Indien qui lui conseilloit d'établir des hôpitaux pour les pauvres : Je n'aurai

---

Des déclamateurs trop austeres ont confondu avec cette espece d'oisiveté funeste à la Société, l'oisiveté des richesses, fruit de l'industrie : ce n'est pas à la petite vertu de quelques censeurs des mœurs, mais aux loix à définir l'oisiveté punissable. — Il est vrai que l'oisiveté d'un Dervis, ne doit pas être confondue avec celle d'un Courtisan du Grand-Seigneur; mais après avoir tonné contre les premiers, je ne vois pas pourquoi un Moraliste n'essaieroit pas d'attaquer l'autre avec les armes du ridicule. Voudroit-on faire une idole respectable d'un Bacha opulent, & le croire utile à la Patrie, parce qu'il va promener son ennui de cercle en cercle, qu'il achete beaucoup de Géorgiennes, & qu'il sçait fumer une pipe avec son Maître?

Laissons en paix ces *Déclamateurs austeres*, & *ces petits Censeurs des mœurs*: dans

point d'hôpitaux dans mes Etats, parce que je n'aurai point de pauvres.

Il y a des peuples qui ne semblent avoir qu'une passion : c'est l'amour de

---

un siécle corrompu, ils ne sont pas dangereux ; sûrement ils ne feront pas secte.

C'est à la Loi à punir les oisifs ; mais c'est aux Censeurs à indiquer à la Loi les coupables : pourquoi ravir à l'homme de Lettres le privilége d'être utile ? Notre Auteur lui-même a bien plus fait qu'indiquer des coupables au Législateur ; il a porté sa censure jusques sur des loix féroces ; & il en est à mes yeux encore plus respectable.

Je n'appelle pas oisiveté politique, celle qui jouit du fruit des vices ou des vertus de ses ancêtres, & qui donne le pain & l'existence à la pauvreté industrieuse, en échange des plaisirs actuels qu'elle en reçoit. —

Pourquoi l'oisiveté qui *jouit du fruit des vices de ses ancêtres*, ne seroit-elle pas un crime en bonne politique ? Pourquoi ne

f'oifiveté ; tels font les Japonois fi célébres par leur haine pour les arts, par la dureté de leurs mœurs, & par l'atrocité de leurs loix.

---

pas donner le même nom à celle qui diffiperoit, au fein de l'opprobre, des richeffes péniblement amaffées par trois fiécles de vertus ?

Celle-là eft utile à mefure que la Société s'étend, & que l'adminiftration a laiffé aux hommes plus de liberté. — Voyez Traité des Délits & des Peines, édition de Laufanne de 1766, page 224 & 225.

L'oifiveté qui fait circuler les richeffes de convention, peut être utile à quelques Particuliers ; mais c'eft un poifon lent, qui mine fourdement la conftitution des Etats. Le Gouvernement le plus parfait à mon gré, eft celui où il n'y a aucun citoyen oifif; celui qui approche le plus de la perfection, eft le Gouvernement où l'on punit la double oifiveté que nous avons en vue, l'une par des peines & l'autre par l'opprobre,

Le Negre que nous rendons si actif dans nos Colonies, est encore par sa nature le plus paresseux des hommes. Il y a trois causes de cet état d'inertie, un climat brûlant, le silence des Législateurs, & une anecdote bizarre dont la tradition s'est conservée dans toute l'Afrique.

Noë avoit trois fils : l'aîné étoit blanc, le second basané, & l'autre noir : voilà les trois hommes qui devoient peupler la terre (*a*). Quand le

---

(*a*) Un Géographe embarrasseroit fort les Marabouts qui ont inventé ce conte, en leur disant, qu'outre ces trois classes d'hommes, il y a encore des Tartares au teint olivâtre, des Brésiliens jaunes, des Arabes au visage cendré, &c. L'objection devient encore plus terrible, quand on leur demande à quelle branche de l'arbre généalogique répondent les hommes sans nés qu'on voit chez les Kalmouques,

Patriarche

Patriarche fut mort, ils fongerent à partager fes biens qui confiftoient en diamans, en or, en chevaux, en habits & en carottes de tabac (*a*). Dans ce deffein les trois freres foupent enfemble, fument une pipe; & ne pouvant s'accorder dans une premiere entrevue, vont fe coucher: la nuit fait faire des réflexions; le blanc vit bien que le démon de la propriété commençoit à s'emparer de lui, que la querelle pourroit s'échauffer, & que peut-être le monde feroit fouillé d'un

---

les Ceylanois à groffes jambes, les Albinos aux yeux de perdrix, les Nains de la Laponie, & les Géants de la terre Magellannique. Les Négres difent à cela, qu'ils ne veulent pas être plus fçavans que leurs Peres; ce qui eft une réponfe fort commode, pour qui ne veut pas difputer.

(*a*) Du tabac, quatre mille ans avant l'établiffement des Fermiers Généraux!...

second fratricide. Comme il étoit d'un naturel fort pacifique, il résolut de prévenir le crime de Caïn ; il se leva doucement, prit l'or & les pierreries, en chargea les meilleurs chevaux du haras de son pere, & s'enfuit en Europe, où sa postérité vit encore. L'enfant basané de Noë se réveilla au milieu de la nuit, se laissa aller aux mêmes réflexions que son frere, emporta le reste de l'héritage, & ne laissa pour son cadet que la provision de tabac. Notre Négre qui avoit dormi profondément pendant la nuit, fut fort surpris à la pointe du jour de ne trouver, ni son patrimoine, ni ses freres : il prit alors une pipe, & s'assit pour prendre conseil : le résultat de la délibération fut qu'il devoit s'armer de patience ; il prit tranquillement possession du champ où son pere avoit planté du tabac, sourit dédaigneusement sur ses freres qui se fatiguoient sans doute pour éviter sa poursuite, & remercia le ciel de l'avoir gratifié du don de l'indolence (*a*). Les Négres n'ont point dégénéré, & ils sont oisifs par instinct, par réflexion & par piété.

―――――

(*a*) Voyez le fond de cette Histoire, relation d'Afrique de Labat. *Tom.* 2. *Ch.* 14.

SECTION VII.

DES PASSIONS DOUCES.

Il est heureux pour l'espece humaine que la plûpart de nos paffions n'aient qu'un degré modéré d'activité : fi l'équilibre de l'ame étoit rompu à chaque moment, la moitié des individus périroit avant le tems, & les autres deviendroient fous.

Les paffions douces répandent une heureufe férénité fur l'horifon de la vie : elles font mouvoir l'homme fans le fatiguer ; elles l'échauffent fans l'embrafer, & le tiennent également éloigné des grands plaifirs qui rendent la vie infipide, & des grandes douleurs qui détruifent la machine.

L'efpérance eft la premiere des paffions douces : née avec nous, elle ne s'éteint qu'avec le dernier souffle de la vie ; c'est elle qui nous rend chers les momens fugitifs de notre existence : l'homme est heureux quand il espere ; & l'homme est-il fait pour avoir d'autre jouissance ?

Je voudrois parler de cette pudeur dont la nature a armé le sexe le plus foible pour le sauver des entreprises du plus fort; heureux sentiment qui accompagne l'innocence, & la caractérise, & sans laquelle il n'y a point de volupté, même pour les cœurs corrompus. Je voudrois.... mais je crains de ne pas me faire entendre.

Le même motif m'empêche de m'appesantir sur la reconnoissance, ce sentiment si naturel aux ames sensibles, & dont les hommes n'ont fait une vertu, que quand ils ont commencé à la méconnoître.

La pitié est de toutes les passions

douces celle qui a le plus de pouvoir sur l'homme, lorsque la superstition ne l'a point rendu petit & barbare. En tout tems & dans tous les climats, l'aspect d'une personne qui souffre nous émeut malgré nous, & notre ame se met d'elle-même à l'unisson de la douleur : la pitié est le cri de la nature qui appelle à la conservation des êtres, tous ceux qui les environnent.

Les passions ne cessent pas d'être douces, parce qu'on en abuse: on est forcé de ranger dans la même classe cette noble fierté, qui fait entreprendre de grandes choses, & cette vanité qui les dégrade quand elles sont faites; cet enthousiasme qui convient au génie, lorsqu'il célèbre un grand homme, & cette basse adulation qui caractérise des esclaves aux genoux d'autres esclaves.

En général, les passions les plus emportées, ont été modérées dans leur germe : l'ame ne va pas plus par sauts que la nature. Un Italien a aimé paisiblement avant d'être jaloux, avant de s'emporter contre sa maîtresse, avant de la poignarder ; la haine d'Astrée pour Thyeste, commença par l'indifférence, & finit par un crime plus grand que le parricide.

Il y a des hommes, dont l'ame tranquille dans son élément, n'a jamais éprouvé le conflict des passions orageuses : ces êtres foiblement organisés, éprouvent peu les biens & les maux attachés à l'existence ; ils ne voient jamais briller dans leur entendement la flamme du génie, & parvenus à une extrême vieillesse, ils meurent sans avoir vécu.

SECTION VIII.

DES PASSIONS VIOLENTES.

LEs Paſſions violentes caractériſent une ame forte; & quand elles ſe rencontrent avec une raiſon droite & lumineuſe, il en réſulte un grand homme.

Un grand homme eſt preſqu'auſſi rare que ces cometes, qui entraînent dans leur orbite les corps céleſtes, & aſſujettiſſent à de nouvelles loix le ſyſtème de l'Univers; la nature s'étudie pendant pluſieurs ſiécles à l'organiſer, & quand il paroît, elle ſe repoſe, comme ſi ſa puiſſance créatrice s'étoit épuiſée en le formant.

D'ordinaire les paſſions impétueuſes ſont unies à une raiſon lente &

énervée ; alors la Société éprouve des convulsions qui la déchirent, les Corps politiques se renversent, & la célébrité devient l'appanage des grands scélérats.

On peut compter parmi les passions violentes, cette soif du sang humain, qui caractérise les conquérans ; ces remords qui suffiroient pour venger la vertu, quand même l'ame seroit mortelle, & sur-tout ces haines atroces, dont les Poëtes placent le théâtre dans les siécles héroïques, pour la consolation des siécles barbares.

Il n'y a point de passion qui tende plus à la violence que l'amour, parce qu'elle subjugue le physique & le moral de notre être ; qu'elle embrase à la fois l'imagination & les sens, & qu'elle joint l'ivresse de l'amour propre à celle des plaisirs.

Un des plus singuliers phénomenes

que je découvre dans le cœur humain, c'est que le sentiment de notre misere est plus propre à produire les passions véhémentes, que le sentiment de nos forces. Un homme qui connoît toutes les ressources de son ame, sûr de les employer suivant sa volonté, ne fait aucun effort, & reste dans un état d'inertie; mais l'homme qui a la connoissance de ses imperfections, éprouve une inquiétude active, qui le force à s'élancer hors de lui-même, & à dompter la nature : le premier est foible par sa vigueur même, l'autre est fort par son impuissance.

On croit ordinairement que les passions impétueuses ne peuvent s'allier avec la raison ; c'est une erreur de ceux qui n'ont jamais étudié la nature. Un homme qui est doué de la plus grande sensibilité, est souvent plus maître de soi, que celui dont le tempérament est aussi froid que la raison : le grand homme combat sans cesse, & triomphe quelquefois ; l'homme vulgaire est vaincu sans combattre.

Il est certain que les passions violentes altérent à la longue l'organisation de la machine ; mais un instant d'existence dans l'homme de génie, est plus utile à la terre, que la vie passive d'un million d'hommes; ajoutons que l'espece humaine se conserve, par le principe même qui détruit les individus.

SECTION IX.
DE LA PASSION DOMINANTE.

J'ai dit que l'homme étoit pour le commun des observateurs, une énigme inexplicable : le Philosophe ne trouve qu'un fil pour le conduire dans cet obscur labyrinthe, & le voici.

L'homme en recevant la vie, porte en lui-même le germe d'une passion qui doit un jour dominer dans son ame, & entraîner toutes les autres dans la sphére de son activité; tout concourt à faire éclore ce germe; l'habitude le nourrit, les talens le fortifient, la raison même en accélere le développement : quand la passion est à son dernier terme de maturité, elle force toutes les puissances de l'ame à se mouvoir suivant une direction réguliere ; les contradictions disparoissent, & le cœur humain est reconnu.

La passion dominante est incompatible avec l'artifice : c'est dans ce point seulement que l'inconstance paroît fixée, que le courtisan est naturel, & que les femmes sont sinceres : le Philosophe qui réussit à la démasquer dans les cœurs qu'il étudie, s'instruit plus par ce trait de lumiere, que par toutes les pensées de Pascal, & toutes les maximes de La Rochefoucault.

Au reste, le Philosophe lui-même se trompe quelquefois dans la recherche de la passion dominante, parce qu'il prend pour le ressort principal un rouage qui lui est subordonné : on croit ordinairement que Mahomet écrit un fanatique ; il n'étoit qu'un ambitieux. Ce Législateur avoit trop de génie pour s'imaginer que ses convulsions annonçoient ses entretiens avec l'Ange Gabriel, que la lune se cachoit dans sa manche, & qu'il montoit au ciel sur sa jument; mais il savoit que l'Arabe étoit superstitieux & crédule, & il l'étonnoit pour l'asservir. Transportez Mahomet dans l'ancienne Rome, il subjuguera le Sénat; mais il ne fera pas parler les Sibylles; il sera plus que Prophète, il sera César.

En vain un Politique adroit chercheroit lui-même à déguiser l'affection véhémente qui le tyrannise : les efforts même qu'il fait pour se masquer, le décelent, & il n'en devient que plus esclave de son penchant, parce qu'il a tenté de lui résister. Sixtequint étoit né avec l'ame des despotes: tant qu'il fut simple novice, on le prit pour le plus humble des Moines; mais à peine ses talens lui eurent-ils donné du crédit dans son Ordre, qu'il affomma un Gardien qui ofoit lui réfifter. Devenu Cardinal, il donne à fon efprit la foupleffe qui convient à un efclave ; & quand on l'élit Pape, fa fierté primitive reprend fon reffort, il enchaîne le Sacré-Collége, & fait trembler les Rois.

Lorfque la paffion dominante eft criminelle, elle s'amalgame avec tous les défauts qui logent dans le cœur humain : quand elle eft vertueufe, elle communique fa teinte à toutes les qualités qui l'embelliffent ; mais toujours elle conferve fa fupériorité : c'eft un foleil qui éclipfe tous les feux de fon tourbillon.

Heureux le Philofophe dont la paffion dominante eft l'amour de l'harmonie univerfelle, qui chérit les hommes, parce qu'il en connoît le prix, & dont toutes les vues fe rencontrent avec celles de la nature !

SECTION X. (a)

LETTRES POSTHUMES
DE FONTENELLE,
ET DU DOCTEUR YOUNG.

SI jamais quelque Philosophe put prétendre à l'apathie de Zénon, ce fut sans doute Fontenelle, l'homme de la terre qui avoit la tête la mieux organisée, & le cœur le moins sensible. La réflexion avoit achevé en lui

---

(*a*) On peut voir les Préliminaires de la grande question qu'on va examiner, ci-dessus page 175, jusqu'à la page 181. — Dans un ouvrage de la nature de celui-ci, toutes les grandes vérités se touchent, les conséquences deviennent des principes, & les principes des conséquences.

l'ouvrage du tempérament & sur la fin de sa vie il sembloit n'avoir d'autre passion que de paroître sans passion (*a*).

(*a*) On demandoit au Président de Montesquieu, pourquoi Fontenelle étoit si aimable dans le monde ; il répondit : *Parce qu'il n'aime personne.* — Trait hardi, qui peint également ce Philosophe & la Société.

Cette insensibilité morale sembloit vraiment la base de son caractere : on peut en juger par cette Anecdote que l'Editeur de ses Œuvres a placée dans l'immense recueil, qui a pour titre : *Mémoires pour servir à l'Histoire de Fontenelle.*

Ce Philosophe étant un soir auprès de son feu, une étincelle vola sur sa robe de chambre ; plongé dans la méditation, ou peut-être déja endormi, il ne s'en apperçut point ; il va se coucher, & de bonne heure ; au milieu de la nuit, il est réveillé par la fumée : le feu avoit pris à la robe

Ce grand homme, mais qui tenoit si peu à l'homme, étoit en commerce de lettres avec le Docteur Young, l'Auteur des *Nuits philosophiques*, ce monument de l'imagination la plus

de chambre, & de-là à la garde-robe. M. de Fontenelle sonne & se leve, tout le monde est bientôt sur pied, & M. d'Aube avant les autres. Le neveu gronde beaucoup l'oncle, donne de bons ordres, & le feu est éteint; mais sa colere n'est pas calmée. L'impétueux Magistrat recommence à gronder, cite le proverbe de la légere étincelle, qui a souvent causé un grand incendie, demande à M. de Fontenelle, pourquoi il n'a pas secoué sa robe, &c. *Je vous promets*, replique enfin le paisible Philosophe, *que si je mets encore le feu à la maison, ce sera autrement.* On alla se recoucher : M. de Fontenelle & quelques domestiques se rendormirent, & le lendemain matin, M. d'Aube le gronda encore de s'être rendormi.

brillante & la plus déréglée; ce Poëme fublime & bizarre où le génie étincelle à chaque inftant, & où le goût ne fe rencontre jamais.

Young étoit né avec une finguliere délicateffe dans les fibres fenfitives ; auffi fon ame s'ouvroit toute entiere aux plus légeres impreffions du plaifir & de la douleur : la perte de fa femme fit errer fon génie pendant dix ans autour des tombeaux, & peu s'en fallut que cette imagination ardente qui vivifioit fes ouvrages, ne confumât fes fens & ne dévorât fa vie.

On verra quelquefois dans les Lettres de cet Anglois le même délire d'enthoufiafme qui caractérife fon Poëme des *Nuits;* c'eft qu'un Ecrivain original n'a qu'une forte de pinceaux; c'eft qu'un efprit qui a un grand caractere, ne fauroit jamais le maſquer, c'eſt que le goût ſe modifie, & que le génie eſt toujours le même.

LETTRE I.

Fontenelle au Docteur Young.

De Paris, ce 11 Janvier 1741.

. . . .
. . . .(a).

Insensiblement mes Lettres dégénerent en élémens de morale : le bon goût y perd sans doute ; mais il y a quelque chose à gagner pour la Philosophie , & cela me suffit pour justifier à mes yeux tout cet étalage de rêveries stoïciennes.

Oui, mon cher Docteur, je ne me

(*a*) On retranche de ces Lettres tout ce qui n'a point de rapport avec la question qu'on examine ici: on ne veut, ni lasser la patience du Lecteur, ni dégrader la mémoire de Fontenelle.

plains point d'être né presqu'infenfible : mon cœur en impofe moins à mon entendement; j'en obferve mieux les hommes, & entre nous ils ne valent pas la peine d'être plaints, ils ne font bons qu'à obferver.

Zénon a dit que l'homme fans paffion étoit le chef-d'œuvre de la nature : ce Zénon étoit bien Philofophe, & s'il n'avoit pas eu la paffion de créer une fecte, il feroit mon héros, quoique né il y a deux mille ans.

Dans la balance de la nature le poids du mal l'emporte fi fort fur celui du bien, qu'en vérité pour être homme, il faut defirer d'être infenfible.

Cependant quelle que foit mon infenfibilité philofophique, elle ne va point jufqu'à éteindre les fentimens de tendreffe & d'eftime, &c.

LETTRE II.

Le Docteur Young à Fontenelle.

De Londres, ce 23 Janvier 1741.

Ma femme & mes enfans sont sur le bord de la tombe, & mon ame affoiblie par la fievre lente de la douleur, ne trouve plus que l'amitié qui puisse la consoler du vuide de la nature : ô qu'un cœur sensible est un cruel présent de la Divinité !

Un cœur sensible.... mais non : je puis subir des revers & honorer l'amitié sans être blasphémateur : — ô Fontenelle, comment dites-vous que l'insensibilité conduit au bonheur suprême ? votre cœur ne se révolte-t-il pas contre la froide Philosophie qui voudroit anéantir vos sens ? non j'en crois la nature plutôt que de vains sophismes. Mon ami, vous êtes sensible, car vous aimez la vertu.

Le Sage de Zénon espere-t-il trouver le bonheur dans une parfaite indifférence ? Quels plaisirs lui restent-ils à goûter, quand sa raison superbe détruit tous les rapports qui l'unissent aux êtres sensibles, quand sa pensée solitaire avorte dans son germe, quand son ame resserrée meurt à chaque instant dans les déserts qu'elle fait naître ? Non, non, l'homme n'est heureux que de la félicité de tout ce qui l'environne ; c'est une branche qui s'ébranle avec le système entier ; il ne sauroit créer le bonheur, il ne peut que le partager.

Où est l'homme sans passions ? Celui qui se vante de n'en point avoir, a du moins la passion de la Philosophie : la raison du Stoïcien fait divorce

divorce avec son cœur ; mais le sentiment en lui n'est pas éteint, toute son ame est dans son intelligence.

Mon ami, les années ont blanchi nos têtes, le drame de notre vie touche à son dénouement, & le tombeau s'ouvre sous nos pas ; pourquoi accélérer par nos sophismes l'instant de notre destruction ? L'insensibilité bien plus que le tems destructeur, desséche nos organes : & désirer l'apathie, c'est desirer le sort d'un cadavre.

Je ne sçaurois m'empêcher d'admirer ici la bizarrerie de nos destinées : vous, Fontenelle, dont le génie a plané sur toute la Nature, qui avez éclairé les hommes pendant un demi siécle, & dont l'envie pour la premiere fois a respecté les travaux, vous desirez de mourir ; & moi qui n'ai bu que des chagrins dans la coupe empoisonnée de la vie, dont les ouvrages ont péri de mon vivant, & qui ne suis connu de mes concitoyens que par mes malheurs & votre amitié, je desire encore de vivre; vous vous dérobez au bonheur qui vous suit, & je cherche à prolonger le sentiment pénible de mon existence.

Les passions sont l'ame du monde moral : il n'est pas plus possible à l'homme de les anéantir, que de détruire ces loix éternelles du mouvement qui font graviter les planètes les unes vers les autres, & empêchent l'univers de tomber dans l'empire muet & désert du néant.

Ne résistez pas, mon ami, à l'instinct de la nature; n'autorisez pas de votre suffrage respectable les paradoxes de l'antiquité; qu'avez-vous besoin de copier Zénon ? n'êtes-vous pas Fontenelle ?

Les passions m'ont presque toujours été funestes; mais l'espérance en est une, & ce motif m'empêche de les maudire. Dès ma jeunesse j'ai été passionné pour la gloire; je voudrois l'être pour la vertu; je le suis du moins pour l'amitié; car mon cœur qui ne me trompe jamais, m'inspire les sentimens ardens, &c.

LETTRE III.

Fontenelle au Docteur Young.

De Paris, ce 8 Février 1741.

. . . .
. . . J'admire beaucoup, mon cher Docteur, votre enthousiasme en faveur des passions : vous écrivez vos Lettres à soixante ans, comme Pindare écrivoit ses Odes à trente. Malheureusement les expressions les plus sublimes ne font que glisser sur un esprit aussi froid que le mien, & je suis plus ému d'une plaisanterie philosophique de Lucien, que de tout le merveilleux des vingt-quatre Chants de l'*Iliade*.

Votre Lettre est celle d'une belle ame qui a des préjugés; mais qui sait les rendre respectables : si les préjugés font de vous un être heureux, je n'aurai point la barbarie de vous en guérir ; j'en conclurai seulement que la Nature a fait un bonheur d'illusion pour les hommes ardens qui imaginent, comme elle fait un bonheur solide pour les hommes froids qui raisonnent.

Vous êtes trop passionné, mon ami, pour juger sainement des passions : le rôle que vous jouez dans la société influe toujours sur vos jugemens ; vous n'observez pas les hommes, vous les faites.

Comment désirerois-je un cœur sensible, puisque l'entendement lui doit toutes ses illusions ? La Philosophie n'a jamais entr'ouvert le rideau de la vie humaine, sans s'appercevoir que l'amour ne faisoit que des perfides, & l'amitié des ingrats : le cœurs nous égare sans cesse ; mais la raison jamais.

Dites-moi, mon cher Docteur, quand on sent avec force, raisonne-t-on avec justesse ? l'imagination fougueuse est-elle en état de mesurer la marche lente & graduée des événemens ? Le monde qu'on voit alors est-il le monde de la Nature ?

Voyez sur-tout combien la passion fait naître de préjugés littéraires ! Sans elle le Méchanicien qui symmétrise des mots, se placeroit-il au dessus du Philosophe qui crée de nouvelles idées ? Sans elle nos hommes de génie auroient-ils la foiblesse de se croire au-dessous des anciens, parce qu'ils sont morts il y a deux mille ans ?

S'il y a si peu d'analogie entre la passion & la vérité, c'est que la passion ne forme que des enthousiastes : pour la vérité elle est si froide, que personne n'est tenté de lui donner accès dans son entendement : les hommes la trouvent quelquefois ; mais rarement ils vont à sa rencontre.

Un tempérament froid convient parfaitement à un Philosophe : je remercie sans cesse la Nature de m'en avoir fait part, & je ne désire de l'enthousiasme que pour des amis tels que vous ; je suis &c.

LETTRE IV.

Le Docteur Young à Fontenelle.

De Londres, ce 20 Février 1741.

Ma femme recouvre enfin une ombre de santé ; l'horloge de la vie n'a pas encore sonné pour elle sa derniere heure : je respire, mon ami ; & puisque mes sens partagent la sérénité de mon ame, j'ai le sang froid que vous exigez pour me mettre au rang des Philosophes, & pour les réfuter.

Vous accusez l'être passionné de se créer des illusions, & de n'habiter qu'avec des phantômes ; que vous connoissez peu les grandes ressources de la Nature ! tous les hommes qui ont voulu mouvoir à leur gré les nations, ont eu une imagination ardente;

ce Caraïbe étoit-il aveugle, lorsqu'il dit à ses concitoyens qui vouloient s'exiler de leur patrie : « cette terre » nous a nourris, pourquoi l'aban- » donner ? Qu'on la fasse creuser, on » trouvera dans son sein la cendre de » nos peres ; faut-il donc que leurs » ossemens sacrés se levent pour nous » suivre dans une terre étrangere » ? — Le monologue d'Hamlet ne remplit-il pas l'idée sublime & terrible de Shakespear ? Quand Homere & Milton créerent leurs poëmes immortels, l'aveuglement de leurs yeux passa-t-il à son intelligence ? Non, non, les passions fortes sont clairvoyantes, & la Nature ne se voile que pour les partisans du système léthargique de l'insensibilité.

Je sais que les passions nous égarent quelquefois ; sont-elles pour cela au-dessous de la froide apathie ? Tous les hommes ne font-ils pas faits afin d'agir ? Pour atteindre au dernier acte de la vie humaine, eſt-il plus avantageux de ne point marcher, que de s'expoſer à faire des chûtes ?

Un cœur inſenſible ſe conſole du vuide des vertus ſociales, en diſant qu'elles ne ſont qu'un beau ſonge. — Puiſſe ce ſonge heureux durer plus long-tems que mon inſipide réveil ! Puiſſent mes thréſors ſe multiplier au gré de ma bienfaiſance ! Puiſſé-je avoir la gloire de faire chaque jour mille ingrats !

Des erreurs du cœur vous paſſez à celles de l'eſprit, & toujours les paſſions ſont en butte à votre captieuſe miſantropie. — Fontenelle, je ſoupçonne que le paradoxe que vous ſoutenez, n'eſt qu'un jeu de votre brillante imagination ; votre vrai caractere ſe décele à chaque inſtant : l'Europe éclairée par votre génie, vous repréfentera, malgré vous, paffionné pour les arts, & vos amis croiront votre ame fenfible, malgré Zénon, votre tempérament & vos lettres.

Je ne fais fi je me trompe ; mais il me femble que la chaleur eft effentielle à tous les ouvrages faits pour nous furvivre : il en eft peut-être d'un livre comme d'une femme ; c'eft la paffion feule qui les vivifie ; fans elle une maîtreffe n'eft qu'une ftatue & un poëme une froide brochure.

Ne méprifons point l'enthoufiafme; c'eft lui qui multiplie les monumens du génie: après Xeuxis il fait Raphaël, & après Sophocle Shakefpear.

Pourquoi un homme qui fent vivement, ne raifonneroit-il pas avec jufteffe ? La paffion qui féconde nos idées, ne multiplie-t-elle pas les lumieres autour d'elles ? Le génie ver-

H vj

roit il mal, parce qu'il voit plus loin que le Philosophe qui le calomnie?

Le système de l'apathie mutile les ames, & rend stupide par principe ; mais un homme qui joint l'enthousiasme aux talens, maîtrise le hazard, voit dans le présent le germe de l'avenir, & semble né pour conquérir les mondes avec Alexandre, ou pour expliquer leur harmonie avec Newton.

Pour vous, Fontenelle, dont l'imagination brillante a tant de fois parcouru ces mondes, vous êtes récompensé de vos travaux par l'enthousiasme que vous faites naître, & que vous dédaignez : envain vos lettres conduisent à la doctrine de l'anéantissement ; votre nom sera immortel comme votre ame & vos ouvrages. Je suis, &c.

LETTRE V.

Fontenelle au Docteur Young.

De Paris, ce 4 Mars 1741.

Je vois bien, mon cher Young, qu'un bel esprit & un Philosophe ne sont pas plus à portée de s'entendre qu'un Peintre & un Géomètre : n'espérons plus, vous de me persuader, & moi de vous convaincre : les opinions dépendent peut-être des tempéramens, comme les tailles des hommes des climats qui les ont vu naître. La Nature fait de moi un partisan de l'apathie, & de vous un enthousiaste des passions, comme elle fait des nains en Laponie & des colosses chez les Patagons.

Je pourrois encore réfuter votre

syſtême ; mais nos armes ne ſont pas égales : je vous attaque avec des ſyllogiſmes , & vous vous défendez avec des figures de Rhétorique : je me ſers d'artillerie , & vous n'avez que des fuſées.

Voici mon dernier raiſonnement: la pente vers le bonheur eſt la premiere loi de la Nature : or je ſuis plus heureux par l'apathie, que je ne l'étois dans ma jeuneſſe par les paſſions ; il vous eſt impoſſible de réfuter cet enthymême: qu'y a-t-il de commun entre votre philoſophie & la mienne ? je ſuis placé ſur la terre, & vous dans la planète de Saturne.

Une femme bien aimable , bien éloquente, bien paſſionnée pour vos vers me charge . . . .
. . . .

LETTRE VI.

Le Docteur Young à Fontenelle.

De Londres, ce 22 Mars 1741.

Milady Young vient d'expirer entre mes bras; plus infortuné qu'elle je meurs à chaque instant, sans pouvoir la rejoindre; le sentiment s'émousse en moi, mes fibres perdent leur activité, mon intelligence s'altere; cependant mon être ne peut se dissoudre, & j'existe encore pour souffrir.

Ne triomphez pas, ô Fontenelle! ce chagrin dont la violence dessèche les sources de ma vie, me laisse des intervalles de volupté que l'homme froid n'est pas à portée de connoître; j'erre avec une sorte de délices autour de la tombe de mon épouse ; dans le silence de la nuit je crois entendre sa voix touchante ; le marbre même que j'embrasse, me rappelle ces instans de délire où mon ame errante sur ses lévres se plaisoit à s'ennivrer d'amour, & à oublier la Nature.

Quelquefois je me figure cette femme que je deshonore par mes pleurs, jouissant de l'immortalité ; je me flatte aussi de l'espoir d'être immortel à mon tour ; alors mon ame s'épure, & dans ce moment d'enthousiasme le bonheur qui accompagne un seul acte de vertu, n'est point trop acheté par quarante ans d'infortune.

Vous savez, mon cher Fontenelle, l'histoire de ma vie ; je n'ai jamais eu que de grands chagrins & de grandes jouissances ; j'ai épuisé également la coupe du bonheur, & celle de l'adversité; j'avois donc à vingt ans vécu un siécle entier, & le froid octogénaire qui vante son apathie, n'a pas encore commencé de vivre.

Vous vous dites heureux, mon ami : non, vous ne l'êtes pas ; le bonheur consiste dans les jouissances, & votre système anéantit à la fois le plaisir & la douleur, sans laquelle le plaisir pour l'homme n'existe pas.

Quand même le principe de l'insensibilité seroit le dogme de la Nature, le Philosophe devroit encore le cacher au genre humain; puisque renverser ses passions, c'est abrutir l'intelligence, éteindre la flamme du génie, & ôter l'ame à la vertu.

Oui, mon respectable ami, la vertu n'est que le sacrifice de soi-même, & sans les passions fortes, il n'y a point de grands sacrifices : ôtez ce mobile de la vie humaine, Rome n'a plus de Caton & d'Antonins, & la terre abandonnée par ses héros, n'est plus gouvernée que par des sophistes.

La vérité que je défends a tant de pouvoir sur moi, que, malgré le crêpe funébre qui enveloppe mon entendement, quoique mon ame soit sans cesse déchirée par l'image d'une épouse qui n'est plus, & qu'il ne me reste d'autre consolation que de mesurer, l'intervalle qui nous sépare ; cependant je me crois encore plus heureux que Zénon, ses enthousiastes & son Sage.

Voici, mon cher Fontenelle, la derniere Lettre que vous recevrez de moi ; je vais rompre tout commerce avec les hommes, m'ensevelir tout vivant dans la nuit de la tombe, & chanter la mort jusqu'à ce qu'elle me reçoive dans son sein.

CHAPITRE V.
DE L'AME,

En qualité d'être qui pense.

On a examiné dans les premiers chapitres de ce *Traité de l'ame*, toutes les questions de théorie sur l'entendement humain qui peuvent intéresser le Philosophe de la Nature ; les autres ne sont bonnes qu'à éternifer les disputes, & à éloigner les progrès de la raison. Pourquoi d'obscurs Métaphysiciens font-ils d'énormes volumes sur ce qu'ils ignorent ? Et pourquoi l'homme de génie s'amuse-t-il à les réfuter ?

L'ame apperçoit les objets, & compare ses idées ; voilà le fondement de toutes nos connoissances. Léibnitz,

Wolff & tous les grands Psychologues appellent ces deux facultés *apperception* & *perception*, & je traduis ces termes techniques par les mots de sentiment & de raison (*a*).

Le Chapitre précédent a servi à développer les connoissances que l'a-

---

(*a*) Locke, ce Philosophe qui a si bien mérité de l'être qui pense, suppose que l'ame a trois manieres de connoître : elle apperçoit l'existence des choses, & voilà le sentiment ; elle compare immédiatement deux idées, & voilà l'intuition ; elle examine les convenances ou les disconvenances de ces deux idées, par l'intervention d'autres idées, & voilà la raison. *Voyez Essai sur l'entendement humain. Tome* 3, *Livre* 4, *page* 392.

Il me semble que cette division n'a pas toute la justesse géométrique qui caractérise ce grand Métaphysicien : l'intuition au fond n'est pas distinguée de la raison,

me doit au sentiment. Celui-ci doit être consacré à la raison ; heureux si en l'analysant, je ne la force pas à rougir.

On se propose de terminer l'essai sur la raison par l'examen des diverses modifications de l'esprit humain :

---

quand à la vue d'un triangle & d'un parallélogramme, je dis, ces deux figures sont inégales, je crois raisonner comme lorsqu'à l'aide d'un instrument de mathématique, je mesure leurs angles & leurs côtés ; la faculté qui combine en moi deux idées, n'est pas différente de celle qui en combine trente ; & le pâtre qui ne voit que son champ & sa bêche, raisonne comme le Philosophe qui a fait l'*Essai sur l'entendement humain.*

Les fausses divisions égarent autant que les faux principes ; ce n'est pas en divisant, c'est en simplifiant tout, qu'on imite la nature.

ainſi on jettera quelques idées (*a*) ſur les talens, le goût, le génie, & ſur tous ces brillans attributs qui aſſurent notre place ſur la terre à la tête de l'échelle des êtres intelligens.

(*a*) La queſtion ne ſera traitée à fond que dans le quatriéme Livre, où on tâchera de tracer les devoirs de cet être ſublime, qu'on appelle l'homme de lettres.

ARTICLE I.
DE LA RAISON.

Depuis que les hommes sont rassemblés en société, ils ont beaucoup raisonné sur l'entendement ; les préjugés ont multiplié les erreurs, & les erreurs à leur tour ont affermi les préjugés : on a substitué les paradoxes aux grands principes & les systêmes à la psychologie expérimentale ; en général on voit dans nos immenses bibliothéques beaucoup de raisonneurs & très-peu d'Ecrivains raisonnables.

La manie de tout expliquer a répandu plus de ténébres sur l'entendement humain que l'ignorance même : pourquoi l'homme rougiroit-il de n'avoir pas l'intelligence de la

Divinité ? il me semble qu'on devroit mettre à la tête de tous les livres élémentaires la devise de Socrate ou celle de Montagne.

On se bornera dans cet essai à un petit nombre de questions moins propres peut-être à approfondir la nature de l'homme qu'à le faire penser.

On jettera d'abord quelques idées générales qui serviront comme de points d'appui dans cette mer sans bornes qu'on se propose de parcourir.

On examinera ensuite si les Moralistes dans leurs déclamations font bien de regarder la raison comme un mauvais présent de la Divinité.

Cette question conduit à discuter si l'homme est le seul être qui ait cette brillante faculté en partage ; tel sera l'objet du drame raisonnable & de ses commentaires.

Conformément

Conformément au but qu'on s'est proposé au commencement de cet Ouvrage, on établira quelques principes pour régler l'entendement ; on tentera même de donner l'essai d'une nouvelle Logique, ou, si l'on veut, d'un livre qui rendroit cette science inutile.

Quelques enthousiastes, connus sous le nom de *Théosophes*, ont écrit contre la raison ; il faut en parler, puisque pour le malheur de la terre, ils sont célébres.

L'Essai sera terminé par le portrait du Philosophe ; puisse ce portrait être fidéle, justifier le génie & la vertu, & réconcilier l'homme simple avec l'homme raisonnable !

Si cet Essai sur la raison est si court, c'est que le dépôt de nos connoissances sur l'entendement est borné : c'eſt qu'on ne veut copier perſonne, c'eſt qu'il auroit fallu négliger l'ouvrage pour le rendre plus long.

Connoissances générales.

LA raison chez les Métaphysiciens se prend tantôt pour la faculté de juger des effets par les causes ; tantôt pour cette pente naturelle qui entraîne l'homme vers la vérité ; quelquefois pour la méthode de régler les opérations de l'ame ; on la prend aussi, soit pour la lumiere naturelle qui nous éclaire, soit pour l'enchaînement des vérités auxquelles l'esprit naturellement peut atteindre ; (a)

___

(a) Locke écarte toutes ces définitions, & il entend par la raison, *cette faculté, par où l'on suppose que l'homme est distingué des bêtes.* Essai sur l'Entendement humain. Liv. 4, Chap. 17, Tom. 4, pag. 277. Mais je demande encore à ce Philosophe, qu'est-ce que cette faculté ? Est-il

de-là je puis conclure que l'entendement qui connoît tout ce qui est hors de lui, se connoît fort peu lui-même. la raison est un rayon lumineux, sans lequel l'ame ne pourroit se mouvoir que dans les ténèbres ; mais aucun Philosophe n'a pu encore saisir ce rayon pour en faire l'anatomie.

Cependant à voir l'air de confiance qu'affectent les Métaphysiciens quand ils discutent les phénomenes de la raison, on croiroit que la Nature s'est plu à leur dévoiler tous ses mysteres :

---

bien vrai que les bêtes ne la partagent pas ? Quand même ce principe seroit démontré, est-ce la raison qui distingue essentiellement l'homme de la bête ? —Si Caligula avoit dit : *La divinité est ce qui distingue un Roi de ses sujets* ; Ce Prince, qui se croyoit frere du Soleil, auroit-il plus mal raisonné ?

ils peignent merveilleusement par quelle méchanique la raison opére certains effets extraordinaires ; mais est-il bien évident que ce soit la raison qui les opére ? Un certain Oiaus Wormius a expliqué dans une dissertation très-savante, dans quelle direction les rats de Norwege tombent des nues (*a*). Mais avant d'examiner comment un rat tombe du ciel, ne faudroit-t-il pas d'abord s'assurer s'il tombe ?

J'ai lu dans plusieurs livres estimés ce raisonnement, *la raison est à l'en-*

(*a*) *Voyez* Olai Wormii Historia animalis, quod in Norwegiâ à nubibus decidit, & sata gramina magno incolarum detrimento celerrimè depascitur. *Hafniæ* 1653, *in-*4°. — Cette idée vaut bien celle de Tite-Live, que de son tems il pleuvoit des pierres.

tendement ce que *l'étendue est à la matiere :* cette phrase est aussi obscure pour l'homme sans préjugé qui veut s'instruire, que le seroit pour un Huron une harangue de Longin dans la langue de Palmyre. La raison & la matiere sont-elles des êtres réels plutôt que des êtres métaphysiques ? Avons-nous une notion bien claire des propriétés de notre entendement ? L'étendue n'est-elle qu'un mode de la matiere ? Puisque les propriétés des corps sont des modes de l'étendue, il y a donc des modes d'autres modes ? La raison est-elle le mode de l'entendement de la même façon que l'étendue est le mode de la matiere ? voilà une proportion géométrique dont les quatre termes sont des quantités inconnues ; on veut résoudre le problème, & on n'a pas une seule *donnée ?*

Dire que notre raison est une émanation de celle de la Divinité, c'est peut-être justifier une erreur par un blasphême ; la raison est un mode de notre ame ; & puisque Dieu n'a pas la substance, il ne sauroit avoir le mode : ce qui est un attribut admirable dans un être limité, pour être une imperfection dans l'être des êtres ; & s'il étoit démontré que l'intelligence suprême raisonne, l'homme ne seroit plus un être raisonnable.

Un entendement parfait seroit, je pense, celui qui se représenteroit distinctement tous les êtres & toutes leurs manieres possibles d'exister ; mais l'intelligence qui seule a cet entendement en partage, n'a pas besoin de raisonner ; elle ne connoît ni enthymême ni syllogisme ; elle ne croit ni ne doute ; elle ne nie, ni n'affirme ; elle a vu, & tout a été créé ; elle voit, & tout se conserve.

La raison dans l'homme n'est peut-être que la faculté qu'il a de se démontrer les rapports qui le lient à Dieu, aux hommes & à la Nature.

Cette raison dépend de l'appareil fibrillaire du cerveau ; telle est la loi de l'union harmonique de nos deux substances ; nous n'aurions aucune idée de l'entendement, si nous n'avions pas raisonné, & nous ne raisonnerions pas si nous étions sans organes.

L'action des corps sur notre machine fait naître nos idées primitives, & la raison calcule les rapports de ces idées, les multiplie, & souvent les dénature ; ainsi il est nécessaire de distinguer les idées simples des sens, des idées composées de l'entendement.

La perfection de la raison humaine

consiste dans la multitude des idées, dans leur variété, & sur-tout dans leur conformité avec la nature des êtres.

L'exercice de la raison est aussi essentiel à l'homme que la vie ; sans elle, l'intervalle entre sa naissance & sa mort ne seroit qu'une léthargie continue, & son existence ne seroit qu'une erreur de la nature.

Observons encore que le dogme de la préexistence des germes si vraisemblable par rapport à l'ame, s'étend sur-tout à l'entendement ; le cerveau du premier homme renfermoit la raison de toute l'espece humaine; comme la premiere rose le germe de tous les rosiers de l'univers ; il suit aussi de ce principe que l'homme ne crée point ses connoissances, qu'il en a reçu le fond en naissant, & que l'étude ne fait qu'en accélérer le développement ; toutes les équations de l'algèbre sont tracées dans la tête d'un Sauvage comme dans celle d'un Géomètre ; mais dans l'un les fibres intellectuelles sont toujours en paralysie, & son entendement ne produit rien ; dans l'autre, elles sont sans cesse en mouvement, & voilà Archimède.

D'un Blasphême contre la raison.

ORGUEILLEUSE Raison, tu soutiens mal tes droits;
Foible Reine! crois-tu nous prescrire des loix?....
De reproches amers, en vain tu nous accables;
Sans nous rendre meilleurs, tu nous rends misérables.
Le flambeau qu'à nos yeux tu viens sans cesse offrir,
Sert à nous tourmenter, non à nous secourir;
Tu sçais justifier nos différens caprices,
Et du nom de vertu, tu décores nos vices....
En vain de la Raison on vante l'excellence;
Doit-elle sur l'Instinct avoir la préférence?
Entre ces facultés, quelle comparaison!
Dieu dirige l'Instinct, & l'homme la Raison (*a*).

(*a*) Essai sur l'homme de Pope, traduction de l'Abbé du Resnel, fragment des

Qui croiroit que ces vers contre la raison sont d'un des Poëtes de l'Europe qui a le mieux parlé son langage ! Mais de telles contradictions ne sont pas rares parmi les êtres qui pensent. Malebranche né avec une imagination brillante, a écrit contre l'imagination, & le Philosophe Hobbes a fait un livre contre la Géométrie.

---

chants second & troisiéme. — Pope (je ne dis pas l'Abbé du Resnel) est bien Poëte, dans ce fragment ; mais il s'en faut bien qu'il soit Philosophe ;

Foible Reine . . . . .

Elle n'est jamais *foible*, quand elle sçait mettre de l'équilibre entre les passions: voyez si la raison est *foible* dans l'entendement d'un Burrhus, ou d'un Montausier.

Sans nous rendre meilleurs, tu nous rends misérables.

La raison, quand on l'écoute, rend tou-

DE LA NATURE. 205

Pope & tous les grands hommes qui ont déprimé l'entendement, ont rendu un très-mauvais service au genre humain ; en exigeant de moi une trop grande défiance de mes forces,

---

jours meilleur ; & les passions, quand on en abuse, rendent toujours misérable.

Le flambeau qu'à nos yeux tu viens sans cesse offrir, Sert à nous tourmenter, non à nous secourir.

Ce flambeau secourt l'homme foible, & ne tourmente que le méchant : c'est pour Caton une lumiere douce, qui pénétre son ame ; mais pour Catilina, c'est la torche des Furies.

Tu sçais justifier nos différens caprices.

Mauvaise théorie sur l'ame. — La raison nous fait un crime de nos caprices, & c'est la passion qui les justifie.

Et du nom de vertu, tu décores nos vices.

Ce n'est pas la raison, mais l'abus du raisonnement, qui métamorphose nos

ils abattent mon courage ; ils multiplient mes chûtes en m'ôtant l'envie de combattre ; ils me rendent foible par principe, & il n'y a qu'un pas de l'habitude de la foiblesse à la méchanceté.

---

vices en vertus; il ne faut point confondre les vérités avec les Paradoxes, & le Sage avec les Sophistes.

En vain de la raison l'on vante l'excellence.

Oui, Pope, ta raison est excellente, & j'en crois mon cœur plutôt que tes vers.

Doit-elle sur l'instinct avoir la préférence ?

Qu'est-ce que l'instinct ? Quoi ! la raison ne seroit pas même au-dessus d'une qualité occulte !

Dieu dirige l'instinct, & l'homme la raison.

L'instinct n'est rien; pour la raison, ce n'est pas l'homme qui la dirige, mais c'est elle qui dirige l'homme; la bonne Philosophie ne souffre point d'antithèses.

La raison n'a jamais été un don fatal de la Divinité; c'est elle qui empêche l'amour de soi de dégénérer en amour propre; c'est elle qui établit l'équilibre entre les puissances de l'ame; c'est elle qui produit la loi dans l'entendement du Sage, & ce qui est plus difficile encore, qui soumet les hommes à la loi.

Mais, dit-on, la raison a si peu de pouvoir dans notre intelligence : — Non, froid déclamateur, ce n'est point ma raison qui est trop foible, ce sont mes passions qui sont trop impétueuses; il est vrai que le navire où m'a placé la Nature, est sur le

---

Malgré cette déclamation contre la raison, malgré même la chimere de l'Optimisme, n'oublions pas que l'*Essai sur l'homme* est un des meilleurs Poëmes qui soit sorti de la main des hommes.

point de faire naufrage ; mais tu accuses le Pilote de la fureur des vents qui vont le submerger.

Au reste je suis bien loin de penser que les passions les plus fougueuses ne soient pas originairement en proportion avec les forces de la raison : s'il étoit un homme si singuliérement organisé, qu'il fut entraîné au crime par une pente irrésistible ; je ne le regarderois que comme l'instrument aveugle d'une cause méchante ; les attentats d'Œdipe seroient justifiés, & Dieu qui les puniroit, ne seroit plus qu'un tyran.

Tout individu dont le tempérament s'embrase au moindre contact des objets, a reçu du ciel une raison assez vigoureuse pour résister à l'incendie de ses sens; celui qui ne sent que foiblement ne combat aussi qu'avec foiblesse ; ainsi l'équilibre se conferve fans ceffe, & l'homme a le droit à la vertu.

Si les Philofophes pratiques font fi rares fur la terre, c'eft que très-peu de perfonnes dans le premier choc des paffions ont fait affez de réfiftance; bientôt l'habitude du crime fe forme, & la voix de la raifon s'affoiblit par degrés, jufqu'à ce qu'elle paroiffe s'éteindre; mais dans le premier moment les puiffances étoient en équilibre, & la raifon n'a perdu fon poids que parce que la liberté tenoit la balance.

La raifon eft donc toujours bonne par elle-même; c'eft un feu élémentaire qu'on réuffit fans peine à captiver, mais qui refte à jamais inaltérable.

Ces principes ne font pas ceux du vulgaire des moraliftes; ils font vrais, cependant; pour ne point déraifonner sur la raison, il ne faut écouter ni les Poëtes, ni les Théosophes (a), il faut rentrer dans son propre cœur, & consulter la nature, qui ne ment jamais.

(a) Voyez ci-après pag. 299.

DRAME
RAISONNABLE

En un Acte, avec des Commentaires.

Observations préliminaires.

QUAND Térence faisoit représenter ses Comédies immortelles, il avoit soin d'abord d'introduire sur la scene quelqu'Acteur, qui expliquoit le sujet de la piece, & analysoit le plaisir qu'on alloit goûter; les hommes de goût disent qu'une exposition est bien mieux placée dans une premiere scene, que dans un prologue; mais il est bien plus aisé d'imiter les fautes de Térence, que les beautés des Auteurs de Bajazet & d'Alzire.

L'homme-marin de Telliamed, ou du Philosophe de Maillet, ne différe de nous que par un regard toujours féroce, une membrane qui unit ses doigts, & les écailles dont son corps est ordinairement couvert depuis la ceinture; c'est le Triton des Poëtes, rajeuni par un Philosophe.

Le Négre blanc est un petit homme de couleur blafarde, qui a la taille du Lapon, la peau des lépreux, & les yeux de la perdrix : on trouve de ces êtres singuliers en Amérique & en Asie; mais c'est sur-tout au Sénégal qu'ils semblent former un corps de peuple; on les nomme Albinos, & ils sont fort méprisés des Négres, que les blancs méprisent à leur tour.

Si l'on demandoit comment une Huître, un Homme-marin, un Négre blanc & Newton peuvent converser ensemble? Voici la réponse.

Les bêtes sentent & expriment leurs besoins par des signes, ou par des sons inarticulés, que les signes modifient; si nous avions le Dictionnaire de leur langage, nous connoîtrions parfaitement le méchanisme de leur ame.

L'Homme-marin, qui passe sa vie avec les poissons, doit avoir étudié leur pantomime; il peut donc converser avec une huître.

Il n'y a pas beaucoup de différence entre les sons rauques & étouffés de l'Albinos, & les gloussemens de l'homme-marin; qui sçait même, si la langue de l'Afriquain n'est pas un dialecte de celle du Triton?

Pour Newton, il est probable qu'il avoit le don des langues; ce Philosophe a trop bien mérité de la Nature, pour que la Nature ne l'ait pas distingué du commun des hommes.

Newton ne vouloit point qu'on servît sur sa table de la chair des animaux; il croyoit qu'un être qui sent, n'étoit pas fait pour être mangé par un être qui raisonne; on a conservé son caractere dans cet Ouvrage.

Ce grand homme alla au Sénégal, pour examiner sous la ligne le phénomene admirable des marées, & calculer s'il s'accordoit avec le grand principe de la gravitation; c'est dans ce voyage, qu'il mit le dernier sceau au grand systême de la Nature.

Il faut, en lisant ce Drame, faire une grande attention, à la signification des termes: la langue des poissons est très-stérile, comme on l'imagine aisément; ainsi quand un animal à coquilles dit: *Je pense*, il ne fait point entendre la même idée que présente ce mot dans la bouche de l'homme: il y a un intervalle infini entre l'ame d'une huître, & celle du dernier des humains.

Ce n'est qu'à cause de la stérilité de la langue des Philosophes, qu'on donne le nom d'*ame* à ce principe actif qui fait mouvoir toute la nature, principe que le Peuple soupçonne, que le Sage apperçoit, & que le Naturaliste démontre.

Cette ame, dans les êtres inférieurs à l'homme, semble se borner à combiner quelques sensations; un Cerf, un Zoophyte & un Palmier n'ont besoin d'intelligence que pour se nourrir, se conserver & multiplier; & ce seroit un blasphême absurde de supposer que l'ame d'Homere put se loger dans une taupe, & y concevoir le plan de l'*Iliade*: ou que l'intelligence de Montesquieu, resserrée dans le cerveau d'une chenille, y créât encore l'*Esprit des Loix*.

En limitant ainsi l'idée de cette intelligence répandue dans toute la nature, on pourroit donner un sens exact à la rêverie erronnée de Pythagore sur l'ame universelle.

On n'examine dans le Drame suivant les opérations de ce principe actif que dans les bêtes ; on a donné le nom de *pensée* & d'*intelligence* à ces phénomenes singuliers de la sensation ; mais, dans le sens le plus exact, ces termes ne conviennent que pour exprimer dans l'homme les effets sublimes de la réflexion.

L'ame de l'homme, ouvrage d'un Dieu Créateur, & monument, soit par sa cause, soit par ses effets, de la plus sublime intelligence, ne peut être mise que très-improprement en parallele, avec ce principe actif dont les opérations nous étonnent dans le singe, & qui s'affoiblit par des nuances insensibles dans la grande échelle des êtres, jusqu'à ce qu'il paroisse enfin se perdre dans les derniers élémens de la matiere.

PERSONNAGES.

NEWTON.

Un ALBINOS ou NÉGRE BLANC.

Un HOMME-MARIN.

Une HUITRE.

*La Scene est en Afrique,
à l'embouchure du Sénégal.*

DRAME

DRAME
RAISONNABLE (a).

SCENE I.
NEWTON.

LE spectacle de cette mer immense donne une nouvelle activité à ma raison ; quel silence majestueux regne dans l'espace ! quelle pureté dans l'azur

---

(a) On n'a encore soutenu sur l'ame des bêtes, aucune opinion qui n'ait eu ses dangers ; on est persuadé que celle qu'on embrasse ici, est la plus favorable à la Religion naturelle, à la saine Métaphysique, & à la Morale.

Les bêtes n'ont pas une ame, parce que la matiere pense ; mais elles pensent parce qu'elles ont une ame ; ainsi l'esprit est essentiellement distingué de la matiere,

du firmament ! comme ces flots qui menacent de loin d'engloutir ce Continent, viennent l'un après l'autre se briser à mes piés !.... que la nature est grande ! seule elle résiste au torrent rapide des siécles, & l'homme passe — aussi-bien que ses ouvrages (*a*).

Qu'est-ce que l'instinct des Philosophes ordinaires ? c'est une ame ; nous avons donc au-dessus d'eux l'avantage de n'être pas absurdes.

Pourquoi l'homme rougiroit-il d'avoir quelque chose de commun avec des êtres inférieurs ? N'a-t-il pas un corps qui le confond avec la plus vile matiere ?

Au reste on verra, en lisant ce Drame, que l'infini est toujours entre la raison du dernier des hommes, & celle du premier des animaux.

(*a*) Ce n'est point un Poëte qui parle ici, c'est un Philosophe ; au reste, si la hardiesse des pensées, l'enchainement des grandes vérités & la magnificence des ima-

J'ai long-tems raifonné avec les hommes, & j'ai fenti ma penfée toujours étroite & captive ; mais mon ame femble s'aggrandir, depuis que je raifonne avec la nature.

Ah! fi cette mer fans bornes avoit un langage pour Newton; fi la nation muette qui l'habite.... Mais j'entens du bruit ; mettons-nous en défenfe.... (*il bande un piftolet*).... depuis que je fuis en Afrique, je dois à cette arme la tranquillité qu'à Londres je ne devois qu'aux loix.... Le bruit redouble ; il vient d'une agitation extraordinaire dans les flots ; cette embouchure du Sénégal eft l'azile des Requins ; retirons-nous. ... Je ne dois pas encore mourir, je n'ai point été utile au genre humain.

---

ges pouvoient feules conftituer la belle poëfie, qui refuferoit le nom de Poëtes à un Newton, à un Buffon, & à un Montefquieu ?

SCENE II.
L'HUITRE & L'HOMME-MARIN.
L'Homme-Marin.

Voila un coquillage qui m'étonne par son intelligence : si je m'éloigne de lui, il s'ouvre pour pomper les rayons de cet astre qui nous éclaire jusqu'au fond des mers ; si je m'en rapproche, il se ferme, pour éviter de devenir ma proie. — En vérité, je crois qu'il raisonne.

L'Huitre.

Voilà en effet une grande merveille, qu'un être organisé raisonne.... au reste, tous les habitans de cette vaste prison, qu'on nomme l'Océan, pensent à ta façon ; il n'y a point d'individus qui ne se croie de la seule espece d'animaux qui raisonnent ; toi,

Homme-Marin, tu me difputes la faculté de combiner deux ou trois fenfations; mais le Requin te difpute le même avantage, & la Baleine le difpute au Requin.

L'HOMME-MARIN.

Cette Huitre pique ma curiofité ; je ne foupçonnois pas qu'un amas informe d'écume marine, emprifonné entre un mur convexe & un mur concave, & cloué à jamais fur le rocher où il eft né, put avoir des idées: par quel prodige inexplicable, une molecule, à peine organifée, le difpute-t-elle en intelligence à moi, qui fuis le Roi des mers ?

L'HUITRE.

Que tu fois le Roi des Crabbes qui fucent ton fang, ou des Baleines qui te dévorent, peu m'importe ; mais certainement tu n'es point le

Roi des Huitres; tous les êtres de mon espéce vivent en Républicains sur leurs rochers; ils ouvrent leur coquilles, ou la ferment suivant leur bon plaisir; ils ne courtisent pas les poissons qui les effacent par la taille, & sur-tout ils ne font point de raisonnemens d'esclaves. — Il est vrai que tu te nourris de notre substance; mais tu partages ce crime avec les Retoncles & les Moules, dont cependant nous ne sommes pas les sujets; contente-toi donc de nous manger, & ne dis pas que tu nous gouvernes.

L'Homme-Marin.

Je te mangerai, & je n'en serai pas moins ton Roi. — Mais j'ai des principes d'équité, raisonnons d'abord ensemble.

L'Huitre.

Si tu termines l'entretien en me

mangeant, crois que tu auras mal raisonné.

L'Homme-Marin.

Voyons. — Je suis incontestablement le chef-d'œuvre de la nature, car j'aime & je pense.

L'Huitre.

Et quel est l'être sensitif qui n'aime pas, & ne pense pas à sa maniere (a) ?

Tu aimes, mais s'il se trouvoit dans l'Océan un seul poisson qui n'aimât pas, sa race s'anéantiroit, & la nature auroit manqué d'intelligence.

Tu penses, mais ce n'est point un privilége réservé à des machines mieux

---

(a) Il est impossible qu'une Huitre ait des idées générales ; ou même qu'elle réfléchisse. — Il n'est pas aisé de faire parler des Huitres.

organisées que moi ; il est vrai que je ne sçais ni marcher comme toi, ni nager comme la Morue, ni voler comme l'Hyrondelle de mer ; mais j'ai ma dose d'intelligence ; quand mon ennemi s'approche, j'ordonne à mes fibres de se racourcir, & mes deux écailles se resserrent. Le Crabbe qui a l'adresse de jetter entre deux une pierre, pour tenir ma petite maison entrouverte, & me dévorer à son aise, raisonne mieux que moi ; & le poisson qui a l'art de rendre inutiles les pinces du Crabbe, & sa subtilité, raisonne mieux que lui.

Tu ne vois pas mes organes, & tu en conclus que je ne sçais pas raisonner : penses-tu donc que l'être qui m'a formée (*a*) avoit la

―――――――――――

(*a*) L'Huitre n'entend par-là que sa mere ; elle avoit assez d'intelligence pour

foiblesse de ta vue (*a*) ? Tu ne raisonnes pas encore assez bien, pour être en droit de soupçonner que je raisonne.

---

croire qu'elle ne s'étoit point donné le jour ; mais son ame ne pouvoit remonter de principe en principe jusqu'à Dieu ; ce raisonnement sublime est réservé à l'homme.

(*a*) Si ce coquillage Philosophe avoit pu sçavoir qu'un Physicien a découvert quatre mille muscles dans l'organisation d'une chenille ; qu'un autre Naturaliste a compté quatre mille trois cents quatre-vingt-six pieces osseuses, qui servent à la respiration d'une Carpe, & que les organes de la génération sont si parfaits dans la morue, qu'un seul de ces poissons produit neuf millions trois cents quarante-quatre mille œufs, ce coquillage, dis-je, auroit-il raisonné en Huitre, en concluant que des animaux que la nature a formés avec tant de soin, n'ont point

L'HOMME-MARIN.

Voilà bien de la Philosophie pour une Huitre; c'est sans doute un homme-Marin qui a pris la peine de t'instruire.

été produits uniquement pour être détruits par le Mouton qui broute, par le Requin qui dévore, ou par l'Homme qui pense?

Un homme de bon sens raisonneroit-il en huitre, s'il disoit que le méchanisme de la Mite ou du Ciron, ne sçauroit être assimilé avec le rouage d'une montre, ou avec les automates de Vaucanson?

Un Philosophe raisonneroit-il en huitre, s'il disoit qu'on doit supposer des organes dans tout être qui paroît sentir, & que l'intelligence de l'homme doit suppléer à l'usage du microscope?

Enfin, un homme comme Locke, raisonneroit-il en huitre, si voyant agir avec intelligence un être sensitif, il concluoit par analogie, qu'il a la faculté de combiner quelques sensations; si le voyant vivre il

L'Huitre.

Point du tout, c'est la nature toute seule qui m'a éclairée; je suis une Huitre fort vieille; j'ai vu plus de deux mille fois le soleil se lever & se coucher sur ce rocher; j'ai conversé souvent, soit avec les Moules qui nous mangent, soit avec les Requins, qui par dédain nous laissent la vie; & encore plus avec moi-même: je ne sçais comment cela s'est fait; mais aujourd'hui, j'en sçais tant,

~~concluoit qu'il sent ; & si le voyant~~ sentir, il concluoit qu'il raisonne?

N'oublions cependant jamais, qu'un huitre qui mange, qui ouvre ses écailles, & qui travaille à la propagation de son espéce, ne raisonne pas à la façon du Philosophe qui parle de Dieu, définit l'entendement humain, & calcule la précession des Equinoxes.

que je sçais que je ne sçais rien (a).

L'HOMME-MARIN.

Je ferois tenté de défirer que tous les êtres de mon efpéce ne raifonnaffent pas plus mal qu'une Huitre. — Mais dis-moi un peu animalcule philofophique, puifque tu as un entendement, pourquoi n'as-tu pas étendu le cercle de tes connoiffances ? fçais-tu comme moi, quelle eft la péfanteur fpécifique de l'eau ? D'où viennent les orages qui troublent la furface des mers ? Quelle eft la caufe de

---

(a) Ne diroit-on pas que l'ame de Socrate a paffée dans le corps d'une huitre, par la loi de la métempficofe, pour le punir d'un grand crime dont on a flétri fa mémoire. — Mais ce n'eft point au Philofophe de la nature à repéter les calomnies des Philofophiftes.

l'étonnant phénomene des marées (a) ? Sçais-tu ?....

L'Huitre.

Je sçais que j'ai des besoins, & que je dois les satisfaire ; voilà tout ; que m'importe que l'eau soit légere ou pésante, que la mer gronde ou se calme, que les flots s'élevent ou s'abbaissent (b) ? Ma maison n'est-elle pas

___

(a) On pense bien que ce Triton n'expliquoit tous ces phénomenes qu'à la maniere du peuple ; mais du moins il les appercevoit, & sur ce point il effaçoit l'Huitre en intelligence.

(b) Si notre Huitre raisonneuse s'étoit trouvée dans une certaine Isle voisine de la Guadeloupe, il est probable qu'elle auroit paru moins indifférente pour le phénomene des marées. — Les Navigateurs y ont remarqué sur les côtes, des arbres si chargés d'huitres, que les branches en rompoient quelquefois ; ce que la Physi-

à l'épreuve de l'élément que j'habite ? La vague la plus bruiante vient se briser contre mes écailles, & je ne crains dans la nature que les Petoncles, les Cancres & les Hommes.

L'HOMME-MARIN.

Eh bien, cette crainte que je t'inspire, prouve que j'ai le droit de te gouverner ; le droit du plus fort est le droit de la nature, comme l'a très-bien dit un de nos Orateurs à na-

---

que explique par les vagues qui mouillent les branches les plus basses, & y portent le frai des coquillages ; la quantité de petites huîtres qui s'y organisent, forcent bientôt ces branches à plier, & les animaux qui y sont renfermés sont alors rafraichis deux fois par jour, par le flux & le reflux de la mer. — Qui sçait si ce rafraichissement régulier ne devient pas un nouveau besoin pour ces êtres amphybies?

geoires, dans un discours qui a été couronné à l'Académie des Requins.

L'HUITRE.

Laisse les sentences à tes Académies, & dis moi un peu ce que c'est que le droit du plus fort ?

L'HOMME-MARIN.

C'est..... c'est.... c'est ce qui fait que je vais te manger.

(*Il tente d'arracher l'Huitre du rocher*).(a)

L'HUITRE.

Arrête, barbare,....tu outrages la nature.

L'HOMME-MARIN.

Je satisfais mon besoin.

L'HUITRE.

Que parles-tu de besoin ? N'es-

(*a*) On dessine ici tout le pantomime de cette Comédie, pour la commodité des Acteurs de Province, qui seroient tentés de la représenter.

tu pas du nombre des animaux frugivores ? Nourris-toi d'Algue, de Corail, & de Zoophytes ; & laisse-moi sur mon rocher.

L'Homme-Marin.

Non, je veux voir si un animalcule qui raisonne, est meilleur au goût, qu'une plante qui végete.

(*Il fait de nouveaux efforts, & enfin il l'arrache*).

L'Huitre.

Monstre intelligent.... tu te fais un jeu de ta cruauté.... Enfin, me voilà dans tes mains, mais tremble : je vais être vengée..... Vois cet être singulier qui t'observe..... qui t'environne de ses filets.... dévore-moi, pour être dévoré à ton tour.

SCENE III.

UNE HUITRE, UN HOMME-MARIN, UN ALBINOS.

L'homme-Marin se débat dans les filets du Nègre blanc, tenant toujours son Huitre à la main.

L'ALBINOS.

Voilà sur ma parole, le plus singulier poisson des mers d'Afrique ; il ressemble à un homme...... avec quelle force il se débat dans mes filets.... Vous avez beau faire, mon beau poisson, vous serez roti ce soir, & mangé par un Albinos.

L'HOMME-MARIN.

Seigneur Albinos, épargnez-moi, je suis un être raisonnable.

L'Albinos.

Toi, un être raifonnable ! & je te trouve dans le même élément, où je pêche des Cancres & des Moules!.... Voyons cependant que j'examine tes traits.... Mais, non, j'ai fur la tête de la laine frifée, & tu as des cheveux roux ; mes yeux font rouges, & les tiens font noirs ; ta peau eft brune, & la mienne a la blancheur du lait; tu as fix pieds, & je n'en ai que quatre.... Tu ne fçaurois paffer pour un être raifonnable.

L'Homme-Marin.

Je le fuis cependant, & cette Huitre que je tiens l'eft auffi.... Ecoutez-nous raifonner.

L'Albinos.

J'y confens : commence par me dire ce que c'eft que la raifon.

L'Homme-Marin.

La raifon.... Huitre intelligente, répondez ?

L'Huitre.

Non, c'eft vous Homme-Marin qu'on interroge.

L'Homme-Marin.

La raifon.... Mais ne fçauroit-on être raifonnable, fans être obligé de définir la raifon ?.... Tout dépofe en faveur de mon intelligence ; je refpire fur la furface des mers comme dans leur fein ; je furpaffe en force les trois quarts des poiffons, & les autres en induftrie ; je regne, & mon empire n'eft limité que par ces rivages efcarpés, où les flots de l'Océan viennent fe brifer.

L'Albinos.

Tu peux être le Roi des poiffons ; mais moi, en qualité de Roi des Albinos, j'ai droit de te faire rotir; je te traite comme certains Cannibales appellés Négres, traitent ceux de ma nation, & comme d'autres Cannibales appellés blancs, traitent les Négres.

L'Huitre *à part.*

Je vois bien qu'il m'est impossible d'échapper à la gueule de l'un, ou à la poële de l'autre.... Ah malheureuse !

L'Albinos.

C'est la raison elle-même qui me prescrit de te manger; écoute bien ce raisonnement; ou tu es intelligent, ou tu ne l'es pas; si tu es un pur animal, j'ai droit de me nourrir de ta substance à mon souper; car puisque les bêtes mangent les hommes, les hommes peuvent aussi manger les bêtes; si tu es un être qui pense, je te rens encore un service en te dévorant; car il est bien plus glorieux pour le Roi de la nature, d'être mangé par un de ses semblables, que d'être pendant sa vie la proie des Requins, ou après sa mort, celle des vers; ainsi qui que tu sois, je fais en te mangeant, un acte de justice, ou un acte de générosité.

L'Homme-Marin.

Je ne sçais plus ce que c'est que la raison, puisque d'un côté une huitre la partage avec moi, & que de l'autre, un homme s'appuye de son autorité pour manger un autre homme.

L'Albinos rassemble des branches d'arbre, & frappe deux cailloux l'un contre l'autre pour en faire jaillir des étincelles.

Mais que signifie cet appareil odieux? Que désigne-t-il à sa victime?

L'Albinos.

Sa mort. —

L'Homme-Marin.

Je ne connois le feu que par les explosions du tonnerre ; mais si celui que je vois s'allumer est de la même nature ; barbare, par quel affreux supplice vas-tu me faire mourir ?

L'Albinos *froidement.*

Mon ami, il faut que je vive....

On voit Newton se promener sur le rivage, un livre à la main ; les cris de l'Homme-Marin excitent son attention, il ferme son livre, s'arme d'un pistolet, & s'approche du lieu de la scene.

SCENE IV.
NEWTON, L'ALBINOS, L'HOMME-MARIN, L'HUITRE.

L'Albinos.

Je vois un blanc.... Je suis perdu.

L'Homme-Marin.

O, qui que tu sois, viens secourir un malheureux, sauve-moi de cet Albinos.

L'Huitre.

Et moi de cet Homme-Marin.

L'Albinos bande son arc, Newton tire en l'air son pistolet, & le Sauvage d'effroi tombe à ses pieds.

L'Albinos.

Je doute si je respire encore...O toi, qui manie le tonnerre, si tu es Dieu, tu as droit de me manger.

NEWTON.

Je ne suis point un Dieu, & je ne mange personne.

L'ALBINOS.

Qui es-tu donc, être étonnant qui force le Roi des Albinos à tomber à tes pieds ?

NEWTON.

Je suis un être raisonnable.

L'ALBINOS, L'HOMME-MARIN ET L'HUITRE,

Ah ! s'il raisonne, nous sommes perdus.

NEWTON.

Je viens vous sauver tous. — Homme aux yeux de perdrix, rendez la liberté à ce Triton ; & vous, Homme-Marin, replacez cette Huitre sur son rocher.

L'HUITRE *à part,*

Cet être-là n'est pas raisonnable ; il est quelque chose de mieux.

L'ALBINOS,

DE LA NATURE.

L'ALBINOS.

Je me sens le courage de disputer à toute la terre la jouissance de ma proie ; mais je cede au Roi de la nature.

NEWTON.

Je n'ai point l'orgueil d'aspirer à des titres que l'être suprême s'est réservés ; ni la foiblesse de les adopter, quand l'ignorance me les donne : moi le Roi de la nature ! & je tremble pendant l'Hyver ! & je brûle pendant l'Eté ! & le plus petit des insectes rend mon existence malheureuse ! ce blasphême absurde ne doit jamais sortir que de la bouche abjecte de l'adulateur. — Et toi, Sauvage, tu as trop peu de besoins, pour être obligé de flatter.

L'ALBINOS.

Je demande pardon à ton excellence ; j'ai beaucoup de besoins ; par exemple, la nature en ce moment, me dit de manger cet Homme-Marin.

L'Homme-Marin.
Et à moi d'avaler cette Huitre.

Newton.
La nature vous dit à tous deux d'appaiser votre faim ; mais non de manger des animaux qu'elle a formés avec tant d'intelligence ; dès qu'un être est doué de sentiment, il a droit à la vie, & l'anéantir, c'est offenser la premiere cause.

L'Huitre.
Je t'admire beaucoup, mais je ne t'entens point.

Newton.
L'un est la suite de l'autre ; dès qu'on est instruit on n'admire plus ; j'admire beaucoup moins la gravitation, depuis que j'en ai calculé les loix, & l'intelligence suprême n'a jamais rien admiré.

L'HUITRE.

Tu me parois un grand Philosophe; je voudrois raisonner avec toi.

NEWTON.

Newton raisonner avec une Huitre! — mais pourquoi n'admettrois-je pas dans l'Huitre une espéce de raisonnement? Qui peut sçavoir dans la chaîne des êtres, le point ou l'intelligence finit, & le point ou elle commence?

L'HUITRE.

Cet homme aquatique me dispute la raison; l'Albinos qui vouloit nous brûler, la dispute également aux poissons à figure humaine, & aux poissons à coquilles; pour toi, tu me parois en droit de la disputer à nous tous. — Qu'est-ce que la raison? Tout le monde l'a-t-il en partage, ou personne?

NEWTON.

Dans une telle question, il est bien

plus aifé d'affirmer quand on ignore, que de douter quand on eft inftruit: voici quelques traits de lumiere qui fe font échappés du triple nuage qui couvre l'effence de la raifon.

Tout être doit avoir des idées, dès qu'il a des organes & des befoins; s'il eft borné à un feul fens, fa faculté de penfer fe réduit à deux ou trois combinaifons; s'il pouvoit en avoir un nombre infini, il ne le céderoit en intelligence qu'à l'être qui a tout fait.

Tous les animaux ont donc une efpece d'ame, depuis la baleine qui regne dans l'Océan par fa taille coloffale, jufqu'au plus petit de ce million d'animalcules renfermés dans les ovaires d'un Merlus.

Quant à l'efprit de l'homme qui peut embraffer plufieurs fyftêmes d'êtres d'une idée générale, décompofer les élémens de la matiere, & porter ses regards jusques dans le sein de l'Être suprême; il est peut-être le seul qui mérite esséntiellement le nom d'intelligence; mais l'homme est le dernier qui en jouisse dans la hiérarchie des êtres intelligens.

Voulez-vous maintenant sçavoir si vous êtes dans la classe variée des hommes? répondez à une question que je vais vous faire, & qu'une intelligence égale à moi, peut seule entendre; y a-t-il un Dieu (*a*)? Huitre, parlez?

L'HUITRE.
Le mot de Dieu n'est jamais entré

___

(*a*) Remarquez que le sage Newton ne fait pas la question vulgaire, qu'est-ce que Dieu? il sçavoit qu'un être intelligent peut se trouver hors d'état d'y répondre, sans qu'on soit en droit de le soupçonner de manquer d'intelligence.

dans la langue des Huitres.

NEWTON.

Et vous, Homme-Marin?

L'HOMME-MARIN.

Je ne connois dans la nature que l'homme & les poiffons.

NEWTON.

Et vous, homme fauvage?

L'ALBINOS.

Oui, fans doute, il y a un Dieu, & je l'entens quelquefois bourdonner à mes côtés, fous la forme d'un hanneton.

NEWTON.

Il fuffit; le problème eft réfolu; une Huitre & un Triton ne fçauroient avoir l'ame des hommes, un Albinos peut l'acquérir.

Tout eft lié dans la nature par une chaîne infenfible; l'Huitre me femble l'anneau qui lie le regne animal & le regne végétal; l'Homme-Marin, qui eft le premier des poiffons, eft uni par la figure à l'Albinos, qui est le dernier des hommes, & en est séparé par l'intelligence; pour ce Sauvage, il y a entre lui & l'homme policé l'intervalle qui se trouve entre le germe d'une fleur & son développement.

Huitre, Homme-Marin, vantez moins cette espece de raison dont vous êtes si jaloux; votre ame ne peut se replier sur elle-même, s'élever à l'idée de Dieu, & contempler l'image sublime de la vertu. — Il y a l'infini entre cette raison & celle de l'homme.

Et toi, Albinos, qui ne vois qu'un hanneton dans l'Être éternel qui fait graviter des milliers de mondes dans l'espace; tu n'es au-dessus du plus vil des animaux, que parce que tu es criminel.

Poissons, restez dans la sphére étroite où vous a placés la nature; Homme sauvage, sors de celle où t'a placé le préjugé. L iv

Je me suis inftruit avec ce Triton & cette Huitre; mais pour toi, Albinos, je puis t'inftruire; viens avec moi, je te donnerai mon intelligence, & quand tu l'auras, tu commenceras à foupçonner fa foibleffe.

L'ALBINOS *à part.*

Je vois que ce blanc eft un homme tel que moi, je ne rifque rien de le fuivre ; il me donnera à manger, ou…. je le mangerai lui-même.

L'HOMME-MARIN.

Adieu, mon libérateur; je ne connois point la nature de ton intelligence ; mais j'ofe l'envier.

L'HUITRE.

Pour moi, je me confole, puifque je vis encore, de n'être qu'une Huitre.

Fin du Drame.

DERNIER COMMENTAIRE
Sur le *Drame raisonnable*.

Il me semble qu'on pourroit tirer de ce Drame plusieurs lumieres sur cette faculté de l'ame qu'on appelle la raison, & sur le nombre d'êtres qui l'ont en partage.

L'Analogie me conduit à donner une ame aux bêtes ; & de ce qu'elles ont une ame, j'en conclus qu'elles possédent une espéce de raison (*a*).

(*a*) Descartes dit, que les bêtes n'avoient point d'ame, afin de ne leur point donner notre immortalité ; c'étoit peut-être la crainte de l'Inquisition, qui lui fit avancer cet étrange paradoxe ; mais les Théologiens qu'il ne vouloit point offenser, ne l'en attaquerent pas avec moins de vivacité ; ils lui soutinrent que

J'ai dit que les bêtes avoient une ame ; c'est une vérité de sentiment que tous les sophismes de Pyrhon ne sçauroient ébranler ; je ne puis faire une simple machine de cette seche qui distile au-tour d'elle une liqueur

son méchanisme des bêtes tendoit à rendre notre ame matérielle ; & le Philosophe fut déclaré impie, quoiqu'il raisonnât mal, afin de ne pas l'être.

Un homme qui pense devoit être alors fort embarrassé ; s'il soutenoit que les bêtes ont une ame, la Congrégation du saint Office lui faisoit son procès, comme à un homme qui fait des animaux des êtres intelligents ; s'il disoit que les bêtes sont de purs automates, les Docteurs l'accusoient de matérialisme, & qui pis est, les gens sensés lui prouvoient qu'il ne raisonnoit pas

Heureusement la question de l'ame des bêtes, est une question purement philosophique, & on peut la discuter sans blesser la foi, la Sorbonne & la raison.

noirâtre, pour se dérober à la vue de ses persécuteurs; de cette fourmi partagée par le milieu du corps, qui transporte ses nourrissons l'un après l'autre, pour les dérober au danger qu'elle n'a pu fuir elle-même; & de cette chienne, qui, pendant qu'on la dissèque, lèche ses petits pour charmer ses douleurs, & souffre de leur éloignement plus que du scalpel qui déchire ses entrailles; si tout cela peut s'expliquer par l'action des muscles & le jeu des organes, il me semble que l'ame sensible qui a fait parler Andromaque, & l'ame sublime, qui a trouvé le calcul de l'infini, ne sont elles-mêmes que des Automates heureusement organisées.

Mais, dira-t-on, pourquoi ne pas adopter le terme d'instinct qui explique tout & n'effarouche personne? Pourquoi? — C'est qu'il n'est plus permis au Philosophe d'admettre des qualités occultes ; c'est que la nature ne fait pas mouvoir deux roues, lorsqu'une seule lui suffit : c'est que si l'instinct existe, il n'est pas plus à l'Huitre qu'à Leibnitz.

Il y a long-tems qu'on a démonté les machines Cartésiennes ; un systême où Dieu ne crée des automates que pour tromper à chaque instant des êtres intelligens, & d'où il s'ensuivroit que l'œil n'est pas toujours fait pour voir, & l'oreille pour entendre, doit être relégué avec la matiere subtile & les tourbillons dans la classe des chimeres, qui ne sont qu'ingénieuses.

Les bêtes ont donc une ame puisqu'elles ont des sens ; mais quelle est la nature de cette ame ? Quand Aristote a dit que c'étoit une substance incomplette, tirée de la puissance de de la matiere pour faire avec les machines animales, un tout substantiel ; il a dit une absurdité, & quand nos peres ont répeté dans les universités ce galimathias philosophique, ils ont mis la déraison en syllogisme.

Le P. Bougeant a expliqué tous les phénomenes de l'animalité, en logeant des intelligences de diables dans des corps de bêtes ; mais qu'est-ce que des intelligences de diables ? Dieu a-t-il révélé ce mystére à quelques Philosophes ? L'a-t-il sur tout révélé au Jésuite Bougeant ?

Un Métaphysicien éloquent, (ce qui n'est point une contradiction) a modifié le système de Descartes (*a*),

―――――――――――――

(*a*) Au reste, Descartes n'est pas même l'inventeur de ce paradoxe; Diogene avant lui refusoit aux bêtes jusqu'au sentiment. *V. Plutarch. de Placit. Philos. lib. V.*

en donnant aux animaux une ame purement sensitive ; suivant cette idée, la brute est encore un automate, mais un automate sentant (*a*), cette explication ne satisfait point la raison, & Descartes modifié est aussi inconséquent que Descartes dans son état primitif, sans être moins dangereux.

La matiere ne peut sentir ; ce n'est

Nous tenons tout des Anciens, jusqu'à leurs erreurs.

(*a*) Voyez les *Principes philosophiques*, qui sont à la suite de l'*Essai de psychologie*, édition de Londres, 1755.

Il me semble que l'Auteur ingénieux de cet ouvrage n'a jamais eu un système lié sur l'ame des bêtes ; il n'a fait que suivre les écarts de son imagination, & il faut avouer qu'il l'a fort belle.

Il dit, *page* 227, que la brute est un automate sentant, & *page* 24, que l'ame des bêtes est un principe immatériel doué de perception, de volonté, d'activité, &

qu'en suivant les préjugés populaires qu'on dit que les sensations appartiennent au corps ; le Philosophe n'est pas plus trompé par ces expressions absurdes, que l'Astronome, quand on lui dit, que les étoiles font leur révolution sur l'équateur, & que les planétes sont tantôt stationnaires, & tantôt rétrogrades.

---

mémoire & d'imagination. — Il faudroit l'*imagination* de l'Auteur pour concilier ces contradictions, & son éloquence pour empêcher de les voir.

Rapprochez encore le Chap. 8 de la 6ᵉ partie des principes philosophiques, où on se plaint des hommes qui font raisonner les animaux, du Chap. LI de la premiere partie de la psychologie, où l'on accorde la liberté aux bêtes, comme ayant une ame immatérielle capable de connoissances, & jugés si l'Auteur ne se joue pas de son imagination, & si son imagination ne se joue pas des Lecteurs.

Combiner des sensations, c'est penser ; or la pensée est une, & la matiere est multiple.

S'il pouvoit y avoir une étendue pensante, il y auroit des moitiés, des quarts, & des dixiémes d'idées ; on sentiroit l'ame se contracter ou se dilater pour les recevoir ; les perceptions se partageroient entre chaque muscle d'une machine organisée, & le lézard qui perdroit sa queue, perdroit une partie de son intelligence.

Puisque les bêtes ont une ame, elle est donc immatérielle ; si elle est immatérielle, l'Huitre a sa faculté de raisonner comme Newton a la sienne.

La nature ne nous éclaire point sur l'étendue de l'intelligence des bêtes ; l'actif écureuil combine-t-il plus d'idées que l'épaisse tortue ? L'huitre qui nait & meurt sur son rocher, raisonne-t-elle avec moins de justesse que le polype, qu'on greffe comme un oranger, qu'on retourne comme un gand, & à qui on ajoute des têtes, sans qu'il cesse de vivre, de croître & de multiplier ?

Il est probable que la raison de certains animaux est bornée au sentiment confus de leur existence, & on citeroit l'huitre pour exemple, si on ne venoit de la voir raisonner avec Newton.

Il en est d'autres dont l'intelligence semble balancer celle de l'homme; tel est ce Castor, qui n'ayant point dégénéré dans nos chaînes, fait concourir ses talens à la perfection de sa société, & se bâtit des édifices dont la construction suppose le concert de différens artistes, & la connoissance des principes des Vitruve & des Palladio.

Observons en même tems, que les

animaux les plus intelligens, ne forment qu'une société fugitive devant les hommes ; quand ils peuvent se livrer loin de nous, à toute l'énergie de leur nature, ils élevent des monumens qui nous étonnent ; mais l'homme paroît & ils ne sont plus que des machines.

L'art de la parole constitue une des grandes différences entre notre raison & celle des bêtes ; on ne peut expliquer ici par quel artifice Newton a entendu le langage d'un Triton & d'une Huitre ; mais il est constant que les animaux ne parlent point ; les phrases qu'un perroquet étudie, celles que Leibnitz avoit apprises à un chien, ne prouvent pas plus en eux la faculté de parler, que la prononciation du terme *Jehovah*, ne prouve qu'un Patagon entend la langue de Moyse.

L'éducation perfectionne la raison

des bêtes que nous tenons dans l'esclavage ; on réussit alors à leur rendre certaines sensations aussi naturelles que leur caractere primitif; ce succès prouve une certaine analogie entre l'intelligence de l'éleve, & celle de l'instituteur.

Observez cependant, que l'ame d'une bête en liberté, ne se modifie jamais : or, une raison qui ne se perfectionne point d'elle-même, ne sçauroit être la raison de l'homme.

En général ; la raison des bêtes semble se réduire à comparer des sensations : ainsi celles qui vivent le plus long-tems, doivent avoir une intelligence plus active; les poissons qui transpirent peu, & dont les os ne se durcissent pas, vivent plus long-tems que les quadrupedes, & ont par conséquent plus d'expérience ; une de ces carpes de 150 ans, qu'on a trouvé dans les foffés de Pont-Chartrain, auroit fans doute mieux raifonné avec Newton, que fon Huitre Philofophe.

Je touche aux grandes limites qui féparent notre raifon de celle des bêtes ; toutes les deux fe développent par le même méchanifme ; mais les deux échelles qui expriment ce développement, n'ont pas le même nombre de dégrés ; il y a deux termes dans nos connoiffances, la fenfation & la réflexion : l'ame de la brute fent comme la nôtre ; mais elle ne réfléchit pas ; auffi les ouvrages des animaux n'ont point de grand caractere ; ils périffent, & chez nous les monumens du génie font immortels.

Nous feuls nous avons le privilége d'embraffer une multitude de chofes d'une idée générale, & de voir en grand, ainfi que la nature opére.

L'entendement humain peut feul

créer des êtres qui n'exiſtent qu'en lui-même, s'élancer dans la carriere des abſtractions, & bâtir par-là un pont de communication entre lui & l'infini.

L'eſprit de l'homme peut ſeul s'élever à l'idée de Dieu, qui lui fait voir ſon bonheur, qui le lui fait déſirer, & qui l'en fera jouir; on ne connoît pas aſſez toute l'étendue de ce privilége: l'homme connoît Dieu! —Qu'a-t-il à déſirer de plus dans les facultés des êtres intelligens?

Il ſuit de cette théorie, que les actions des bêtes ne ſont point ſuſceptibles de moralité; la vertu n'eſt point faite pour ces intelligences, elles ne peuvent ni mériter, ni démériter; elles ne ſont pas aſſez grandes pour mériter même d'être punies par l'Être ſuprême.

Il me ſemble que de telles ames

ne doivent pas être immortelles; une bête semble bornée à la conscience de son existence présente, elle ne porte point ses regards dans l'avenir; pourquoi jouiroit-elle d'un bien qu'elle ne peut ni désirer, ni connoître?

Si cependant l'idée d'une ame mortelle entraînoit des conséquences dangereuses, je ne vois pas que la raison se refusât à l'hypothese contraire; les causes secondes ne peuvent anéantir la matiere, pourquoi détruiroient-elles une intelligence?

Il n'est pas nécessaire que les bêtes soient des êtres moraux, pour que chaque individu conserve sa personnalité; il suffit qu'elles soient sensibles: il en est d'elles comme de tous les êtres mixtes, dont le *moi* survit à la dissolution de la machine.

Mais qu'est-ce que le *moi* d'un animal qui n'eſt plus ? Quelles ſont ſes opérations, lorſqu'il n'a plus d'action ſur ſes organes ? Où eſt l'être qui combine des ſenſations, lorſqu'il n'y a plus de ſenſations ? Voilà des difficultés que ne fait point naître l'opinion de la mortalité de l'ame des bêtes ; cependant ces difficultés ne font pas de cette opinion le ſyſtême de la nature.

En réſumant tous les principes qui ſont épars dans le Drame raiſonnable & dans les commentaires, on peut conclure.

Que tout être ſenſible a une eſpéce de raiſon en partage.

Que la raiſon des bêtes ne dérive point de la matiere, mais d'un principe intelligent.

Que ce principe peut périr ou être immortel, ſans que la Religion ſoit bleſſée.

Que la raison de l'homme paroît d'une nature différente & d'un ordre infiniment supérieur à celle des brutes, qu'elle généralise ses idées, qu'elle s'éleve jusqu'à Dieu, & qu'elle connoît le prix de la vertu.

PRINCIPES

PRINCIPES
D'UNE NOUVELLE LOGIQUE.

LE desir d'étendre la sphère de nos idées, & de secouer l'entendement humain dans les individus foiblement organisés, a fait réduire en art la faculté de penser; ainsi, la Logique, à proprement parler, ne fait servir le raisonnement, que pour suppléer au défaut de la raison.

En général, tout livre bien fait sert de Logique aux Philosophes: dès qu'un Auteur pense, & qu'il fait penser ses lecteurs, il travaille au développement de la raison, & il y a peut-être plus de Logique dans les Tragédies de Cinna & de Mahomet, que dans tous les Cours de Philosophie.

Il ne faut donc pas croire que cette Logique artificielle, qu'on vante avec tant d'emphase, soit nécessaire au développement de l'intelligence : tout homme qui pense d'après lui-même, doit raisonner juste, & la nature l'éclaire plus en un instant, que ne le feroient en plusieurs années les subtilités de Duhan, & les sophismes de Dagoumer.

Si du moins cette méchanique du raisonnement avoit été inventée par des hommes supérieurs ; mais le génie est trop ennemi des entraves pour y soumettre sa pensée : à son défaut ce sont les esprits médiocres, qui ont fait la plupart des livres élémentaires de Logique ; & on s'en apperçoit assez à l'ennui qu'ils inspirent, au fanatisme des Scholastiques qui les ont adoptés, & au mépris des Philosophes.

Puisque la Logique naturelle semble insuffisante au commun des hommes, & qu'il faut que l'art prête un point d'appui à la foiblesse de leur entendement; ôtons du moins à la Logique artificielle, ce ton de barbarie, qui semble la caractériser; que ses élémens soient aussi simples, s'il est possible, que l'intelligence, pour qui ils sont composés, & encore que l'homme qui pense, peu empressé à s'y arrêter, ne les regarde que comme une espece de prélude, afin de se mettre au ton de la nature.

Je désirerois donc, que, parmi tant d'hommes célébres qui s'intéressent à la perfection de l'éducation nationale, il se trouvât un sage Métaphysicien, qui entreprît une Logique, que la jeunesse pût entendre, & que les Philosophes pussent lire.

Ce livre devroit être la quintessence de l'*Entendement humain* de Locke, de la *Méthode* de Descartes, de la *Philosophie Raisonnable* de Wolff, de la *Recherche de la Vérité* de Malebranche, & du *Traité des connoissances humaines* de l'Abbé de Condillac. Mais il ne faudroit point que l'Auteur se traînât servilement sur les pas de ces grands hommes ; s'il n'est pas en état de se pénétrer de leur esprit, & de créer de nouveau leurs idées ; qu'il respecte le génie, & qu'il cesse de mutiler sa statue.

Ce livre devroit être fort court ; car, tandis que les Logiques vulgaires éternisent les disputes, celle-ci est faite pour les prévenir ; il en doit être de cet ouvrage comme des loix, qui sont mal faites, dès qu'on peut les commenter.

Voici la maniere dont j'envisage le plan de cette nouvelle Logique.

I.

PREMIERE PARTIE. — Je tracerois d'abord avec précision l'Histoire des Sophistes, qui, depuis Aristote jusqu'à nos jours, ont abusé les hommes par leur Dialectique : si ce tableau curieux étoit bien fait, les lecteurs d'un ordre supérieur, n'auroient plus besoin de parcourir le reste du livre, & alors le but de l'Auteur seroit rempli.

On n'est pas assez convaincu que nous tenons des Grecs, nos lumieres & nos erreurs, notre zéle pour étendre nos connoissances, & notre fureur de disputer ; au-lieu de nous amuser à adorer nos maîtres, ou à les combattre, ne seroit-il pas tems après vingt siécles, de le devenir à notre tour ? La pensée de l'homme est libre, & les livres, en général, ne font de lui qu'un esclave.

La Logique artificielle est née à Athenes : quand les Philosophes eurent fait connoître ce que peut l'exercice de l'entendement pour la gloire du génie & le bonheur des hommes ; il s'éleva des essaims de Sophistes, qui se proposerent d'étonner, plutôt que d'être utiles ; qui mirent leur subtilité, non à réfuter l'erreur, mais à ne jamais rester court, & que l'homme droit put mépriser, mais que l'homme d'esprit ne put confondre.

Cette Logique réduite en art, fut hérisée de mots techniques, afin de se faire respecter davantage : l'homme simple qui vouloit apprendre à raisonner, ressembloit alors à ces superstitieux, qui se faisoient initier dans les mysteres de Cérès Eleusine ; un syllogisme étoit l'oracle, & le Sophiste qui l'expliquoit, étoit l'Hyerophante.

Depuis le siécle de Socrate, jusqu'à celui de Louis XIV, on a eu la plus profonde vénération pour les recueils d'Hiéroglyphes, que nous ont laissés les Sophistes de la Grece ; ceux qui les entendoient, avoient acheté trop cher le plaisir de les interpréter, pour n'en pas devenir enthousiastes ; & ceux qui n'y comprenoient rien, avoient encore la foiblesse d'en accuser leur propre intelligence.

Ne tirons point des ténébres les sçavantes billevesées des scholastiques ; mais dans ce siécle qui prétend au titre de philosophique, quelle est encore la Logique de l'Europe ? Il y a fort peu de Colléges, où l'on n'apprenne que *l'être est univoque à l'égard de la substance & de l'accident ; car ordinairement les dégrés métaphysiques ne sont distingués que virtuellement dans l'individu ; car ordinairement le concret*

& l'abstrait sont dans un ordre syncatégorématique. Les jeunes gens connoissent fort peu Wolff, Malebranche & l'Abbé de Condillac; tandis qu'on leur fait réciter par cœur le *Philosophus in utramque partem*, Edmond Pourchot, & le subtil Dagoumer (*a*); on ne leur apprend pas à raisonner, mais à soutenir des Theses.

(*a*) Les meilleurs élémens de Logique que nous ayons, sont sûrement l'*Art de penser*; mais cet ouvrage si étonnant, pour le tems où il fut composé, est à peine maintenant un livre utile. Je comparerois son Auteur à Rotrou, qui a fondé notre théâtre, & qu'on ne joue plus depuis Corneille.

Pourquoi cette Logique de Port-Royal est-elle fondée sur la rêverie des idées innées? Pourquoi toute la seconde partie ne roule-t-elle que sur des discussions grammaticales? Pourquoi toute la Théorie scholastique des syllogismes y est-elle développée? Pourquoi y trouve-t-on encore les

DE LA NATURE. 273

L'Auteur de notre nouvelle Logique rendroit donc un service essentiel à l'entendement humain, de le prémunir contre mille erreurs qui sont encore à naître, en lui traçant le tableau fidele de celles qui sont déja nées. Cette partie totalement oubliée dans les livres élémentaires, me paroît

---

dix Catégories d'Aristote, la définition des lieux communs, les modes des quatre figures, l'explication du Logogryphe logique, *purpurea Iliace amabimus edentuli*, &c, &c, &c. Cette Logique n'est donnée que comme un abrégé ; & pour en faire un livre utile dans tous les tems & à tous les hommes, il faudroit encore le réduire à trente pages.

Cette critique, encore une fois, ne tombe point sur l'immortel Arnauld Ne l'accusons pas d'avoir fait un livre médiocre ; mais plaignons-le de n'être pas né dans un siécle, où ce livre deviendroit inutile.

M v

de la plus grande importance; car les regles s'échappent, mais les exemples reſtent. On aime beaucoup moins à être inſtruit par des préceptes, que par des tableaux.

I I.

Seconde Partie. — Je deſtinerois la ſeconde partie de cet ouvrage à analyſer l'entendement, & à ſuivre le fil de ſes opérations, depuis la ſimple ſenſation, juſqu'au raiſonnement le plus complexe; depuis l'idée du Caraïbe, qui vend ſon lit le matin, oubliant que le ſoir il doit ſe coucher, juſqu'à la penſée ſublime de Newton, qui embraſſoit tout le ſyſtême de la nature.

Il ne faudroit point commencer par décompoſer l'intelligence de l'homme en ſociété ; ſes raiſonnemens ſont trop abſtraits ; il ſeroit plus ſimple de ne commencer à faire usage du fil analytique, que par l'homme sauvage : tels étoient ces deux êtres à figure humaine qu'on trouva en 1719, dans les Pyrénées, & qui couroient à la façon des quadrupedes ; tel nous avons vu à la Cour d'Angleterre le petit homme des bois, rencontré auprès d'Hanovre ; tel étoit encore mieux cet enfant, qu'on arrêta en 1694, dans les forêts de Lithuanie, qui vivoit parmi les ours, marchoit sur ses pieds & sur ses mains, & n'avoit aucun langage. Je ne crois pas qu'un Philosophe puisse mieux opérer sur la pensée naissante, que dans un homme bien organisé qui ne parle pas.

Ce jeune sauvage avoit cependant un langage d'action, qui lui étoit nécessaire pour exprimer ses besoins à l'ourse qui l'avoit allaité. Il faudroit examiner la nature de cette pantomime, former, s'il étoit possible, le Dictionnaire de cette langue muette, & chercher si l'enfant pouvoit le perfectionner jusqu'à former un syllogisme.

Le langage des signes conduit à celui des sons articulés; & quelle source d'observations fines, d'idées neuves, & de détails heureux ne fait pas naître la grammaire comparée ? Il n'est point indifférent au Logicien d'étudier les pensées des hommes, dans la prosodie de leurs langues : un Peuple qui ne s'exprime que par des gloussemens, ne raisonne pas comme celui dont la langue admet des sons heureusement filés, des inflexions qui les nuancent, & une mesure constante qui en caractérise le mouvement.

Il doit y avoir une gradation marquée dans l'intelligence naissante de trois hommes, dont l'un parle une langue à syllabes inégales, & faite pour la poésie ; l'autre une langue phlegmatique, qui doit à la rime, la méchanique de ses vers ; & le troisiéme, un idiôme barbare, sans mesure & sans rime ; entre un Grec, un Anglois & un Hottentot.

Je me persuade aussi qu'une langue musicale est plus favorable au développement de la raison, qu'une langue monotone. Le Chinois chante plutôt qu'il ne parle (*a*), & le froid Kamskadale déclame moins qu'il ne lit : je devine aisément, que l'un sera toujours policé, & l'autre toujours barbare.

_____

(*a*) Le docte Freret a prouvé qu'il n'avoit que 328 monosyllabes, qu'il varioit sur cinq tons, ce qui équivaut à 1640 signes. Voyez les *Mémoires de l'Académie des Inscriptions*.

Enfin, la langue qui me paroîtroit la plus favorable à l'entendement humain, seroit celle qui se plieroit le plus facilement à tous les genres d'écrire, & où l'on pourroit s'exprimer avec la force de Bossuet, & l'élégance de Metastase, avec l'énergie de Tacite & la mollesse d'Anacréon.

On peut encore juger par l'usage de l'écriture, du progrès de la pensée. Il y a loin du Nègre, qui n'a point de caractere, au Péruvien qui a des Quipos, & du Péruvien au Chinois, qui, depuis deux mille ans, a des Imprimeries.

L'art des nombres suffit pour établir une différence singuliere entre les êtres pensans. Locke parle de quelques Américains, qui ne pouvoient compter que jusqu'à vingt, & qui pour exprimer vingt un, se contentoient de montrer les cheveux de leur tête (*a*). M. de la Condamine cite même des Sauvages, dont l'arithmétique ne s'étendoit pas au-delà de trois (*b*), quoiqu'ils eussent comme nous cinq doigts à chaque main; quel

---

(*a*) *Essai sur l'entendement humain*, tom. 2. pag. 68. Il cite aussi Jean de Lery, Auteur d'un *Voyage du Brésil*, qui dit que les Toninamboux n'ont point de nombres au-dessus de cinq, & que quand ils veulent désigner six, ils montrent leurs doigts & ceux des Sauvages avec qui ils s'entretiennent. *Chap.* 20, *page* 307 & 382.

(*b*) Relation d'un voyage fait au Pérou, *page* 67. L'Abbé de Condillac explique fort ingénieusement ce phénomene d'ignorance, en observant que le mot *trois* chez ce Peuple, s'exprime par celui-ci, *poellarra-rorincourac*; il étoit bien difficile d'aller un peu loin, en commençant son arithmétique d'une façon si peu commode. Voyez *Essai sur l'origine des connoissances humaines*, tom. 1, page 176.

prodigieux intervalle n'y a-t-il pas entre la Logique de ces Indiens, & celle des peuples de l'Europe, qui ont perfectionné l'Algébre!

Il fuit des recherches curieufes que j'ai la hardieffe d'indiquer, que l'entendement humain eft porté par mille raifons phyfiques & morales à donner une retraite à l'erreur & au préjugé; qu'il n'eft point éclairé par les objets, & rarement par fes perceptions, & que le doute doit être le premier principe de fa Logique.

Il feroit utile d'examiner ici, d'où vient la foibleffe de notre intelligence : tantôt ce font les idées qui nous manquent ; tantôt elles ne font pas affez développées ; quelquefois nous ne trouvons point d'idées moyennes qui en forment la liaifon. Il y a cent façons de parvenir à l'erreur, & une feule voie pour arriver à la vérité.

La manie si commune de regarder comme axiomes des principes qui ont eux-mêmes besoin de preuves, est une des premieres causes de la petitesse de notre entendement ; voilà pourquoi tant de personnes raisonnent mal, quoiqu'elles soient conséquentes. Le Calife qui fit brûler la bibliothéque d'Alexandrie, agissoit en bon disciple de Mahomet ; mais s'il avoit commencé par lire sans préjugé une partie de ces livres, il n'auroit plus pensé qu'à faire brûler l'Alcoran.

On rétrécit encore son intelligence en formant de faux calculs de probabilité, en créant un systême auquel on rapporte toutes ses perceptions, & en sacrifiant sans cesse sa raison à l'idole de l'autorité.

La Logique dont je propose l'idée, n'est donc qu'un instrument propre à remonter les ressorts de l'esprit humain : si les hommes n'ont pas encore gâté l'ouvrage de la nature, ces élémens sont inutiles ; si les préjugés ont été sucés avec le lait, il faut détruire son entendement avec le secours de l'art, & le refaire.

III.

TROISIÉME PARTIE.—On peut consacrer cette partie à la méchanique de l'art ; & je ne prétends pas par-là me rapprocher des scholastiques ; leur maniere de voir est si opposée à la mienne, que nous ne pouvons nous rencontrer, ni dans nos idées, ni même dans la signification des mots qui expriment ces idées.

Il n'y a que deux manieres de raisonner ; ou bien l'on décompose ses idées particulieres, & l'on monte par une gradation insensible du connu à l'inconnu, jusqu'à ce qu'on arrive à une maxime univerfelle qu'on veut établir ; voilà l'analyfe ; ou bien l'on part d'un grand principe, & on defcend par une chaîne non interrompue de corollaires, jufqu'à une vérité particuliere qu'on veut démontrer, & voilà la fynthefe.

La raifon de l'Être fuprême confifte à voir tout d'un coup d'œil: ainfi il n'y a pour lui, ni corollaires, ni théorème, ni analyfe, ni fynthefe.

Je conçois que dans la grande chaîne des êtres, il peut y avoir des intelligences fupérieures à nous, dont la vue perçante embraffe tout l'enfemble du monde métaphyfique, qui connoiffent beaucoup de vérités générales, & qui ont de grandes idées, auffi aifément que nous avons des fenfations; c'eft à ces êtres fublimes, qu'il appartient peut-être de dédaigner les froides lumieres de l'analyfe, & d'abandonner la chaîne de nos petites vérités, s'ils ne peuvent monter jusques dans le Ciel, pour en saisir le premier anneau.

Mais la synthese n'est point faite pour l'homme; son esprit rampe trop par sa nature, pour que l'art lui fasse prendre avec succès un tel essor; avant de l'instruire à voler, il faut lui apprendre à marcher sans faire de faux pas.

Les Philosophes ne font marcher la synthese, qu'avec un grand appareil d'axiomes, de lemmes & de corollaires, plus faits pour étonner que pour convaincre; on diroit qu'ils cherchent à décorer l'extérieur de la machine, pour cacher la foiblesse de ses ressorts.

L'analyse moins orgueilleuse est bien plus sûre dans sa marche: si elle exerce la patience du Philosophe, du moins elle la couronne. Elle n'eſt pas, il eſt vrai, favorable aux ſyſtêmes; mais elle n'en eſt que plus propre à conduire à la vérité.

La Logique a pour baſe l'analyſe; cette ſcience, dans un ſens, conſiſte à arriver d'une vérité connue à une inconnue, par le moyen d'une propoſition qui les enchaîne; ainſi l'intervention des idées moyennes, forme la théorie du raiſonnement; les ſcholaſtiques qui ont entrevus ce principe, en ont conclu, que le ſyllogiſme étoit eſſentiel à la Logique, & que pour raiſonner juſte, il falloit raiſonner en forme; ce paradoxe a produit de petites formules & de grandes querelles, de mauvais livres, des erreurs & des theſes.

Un eſprit juſte n'a pas beſoin du vain échaffaudage des argumens en forme, pour appercevoir la connexion ou la difcordance de deux idées ; on a remarqué que de tous les Philofophes les Géometres étoient ceux qui faifoient le moins de fyllogifmes, & certainement Archimede & Diophante, fe font moins trompés que Scot, Duhan & Dagoumer.

Il eft plaifant que les Philofophes de l'école veuillent que, pour raifonner avec juftefſe, on fçache que trois propofitions peuvent être rangées de foixante manieres, & qu'il n'y en a qu'environ quatorze où l'on puifſe être afſuré que la conclufion eft bien déduite des prémiſſes ; il s'enfuivroit de-là, qu'il n'y a point eu d'être raifonnable avant Ariftote, & qu'on voit moins de Logique dans les quatre tomes de Locke, que dans l'acte de licence d'un Bachelier.

L'homme a une faculté naturelle d'appercevoir la convenance ou la contrariété de deux idées fans le fecours des modes & des figures barbares du fyllogifme; l'œil de l'efprit eft bleffé d'un mauvais raifonnement, comme l'œil corporel d'un amas de décombres; & voir alors, c'eft juger avec juftefse, quoiqu'on n'admette ni prémifses ni conféquence.

Rien n'a plus contribué à étendre l'ignorance fcientifique des Logiciens de l'école, que l'abus des mots, & c'eft principalement dans le remede à cet abus, que je fais confifter le méchanifme de la Logique de la nature.

Une langue dont les mots les plus fimples fignifient plufieurs idées complexes, eft bonne pour un peuple groffier, qui n'a que des befoins; mais non pour un peuple civilifé qui a une Philofophie.

J'ai dit que l'analyfe exigeoit la décomposition des idées: ainsi il est utile de n'envisager d'abord un objet que par une de ses faces, afin d'être plus à portée de le définir; mais si les Logiciens inventent des mots, qui fassent supposer que les attributs qu'ils ont découverts dans un sujet existent réellement hors de la pensée, ils abusent de l'art d'abstraire, & chaque raisonnement où ils font entrer ce mot scientifique est un sophisme.

Les mots qui ont un sens particulier dans le langage populaire, & un autre dans la langue philosophique, sont très-propres à mettre une barriere éternelle entre la Logique de l'art & celle de la nature. Qui devineroit à voir le sens que nous avons attaché au mot *paradoxe*, que Cicéron l'a défini après les Grecs (*a*) une vérité philoso-

---

(*a*) Voyez au commencement de l'ou-
phique,

phique, inconnue au vulgaire ; que conclure de cette définition ? le titre d'*homme à paradoxes*, forme-t-il un éloge ou une satyre ?

Quand une Nation énervée par le luxe, tend à sa décadence, elle admet dans sa langue des mots, qui n'ont aucune acception, des mots qui sont signes, & qui ne signifient rien, tels que ceux-ci : *voilà un honnête homme. — Cette femme est charmante. — Vous pouvez compter sur mon amitié.* Un jeune homme sans expérience, qui applique une idée à ces expressions, voit à chaque instant sa Logique en défaut.

D'un autre côté la multiplicité des mots scientifiques, conduit à la barbarie, aussi aisément que les mots parasites ; tout le tems qu'on em-

---

vrage de ce grand homme, qui a pour titre *Paradoxa*. Tome *X*, page 425, *édition* de SAILLANT.

ploye à l'étude des mots, est perdu pour l'étude des choses.

Comme l'imagination a eu la plus grande part à la fabrique des langues; il s'ensuit, que le nombre des tropes l'emporte de beaucoup sur celui des mots simples; bientôt on s'accoutume à confondre l'objet réel avec l'image, & une Nation a cent Poëtes pour un Philosophe (*a*).

Les Philosophes eux-mêmes, contribuent à épaissir le nuage répandu sur l'entendement humain, en fixant le sens des mots qui expriment des idées archetypes; combien les termes d'*ame*, de *substance* & de *matiere* n'ont-

---

(*a*) C'est principalement en Asie que cet abus paroît dans toute son étendue; les loix sont ordinairement en vers, chacun les interprète à sa façon & les peuples n'en sont pas mieux gouvernés.

ils pas fait naître de disputes, quand on a voulu les appliquer à des êtres particuliers ? A qui tient-il que ces querelles des scholastiques n'ensanglantent la terre comme les querelles des Rois ?

Il y auroit une méthode bien sûre pour obvier à la fois à tous ces inconvéniens; ce seroit de créer une langue philosophique, qui auroit ses expressions particulieres pour désigner des objets sensibles, & des objets intellectuels, ses mots techniques & leurs définitions ; mais peu d'hommes de génie oseroient composer cette langue, & si elle l'étoit, trop peu de personnes seroient en état de l'entendre.

C'est assez s'étendre sur ce que j'appelle la méchanique de la Logique ; quand on s'est habitué à revêtir chaque idée de termes propres, qui sont à l'ame, ce que les couleurs sont au

Tableau qu'on veut tracer; il ne refte plus que des précautions phyfiques à prendre, pour n'être point troublé dans la recherche de la vérité; ainfi il eft utile d'éviter toutes les fenfations fortes, telles que le grand bruit, une vive lumiere, le plaifir ou la douleur; il faudroit, pour ainfi dire, que l'ame fit divorce avec le monde fenfible, pour pénétrer plus librement dans le monde intellectuel.

L'édifice eft conftruit, il ne s'agit plus que de préparer l'entendement à l'habiter.

IV.

QUATRIÉME PARTIE.—Cette derniere partie doit être la plus courte; elle ne doit renfermer qu'un petit nombre de regles primitives, que le Philofophe établit pour le guider dans la recherche de la vérité, quand il étudie sa raison plutôt que les livres.

Il faut apprendre à voir, avant d'apprendre à raisonner; peut-être même que cette premiere opération suffit au Logicien; car, quand on voit bien, on juge toujours bien.

Ce n'est point par leur nature qu'il faut s'appliquer à connoître les êtres, mais par leurs rapports avec nous; à quoi servent les questions des Philosophes sur l'essence des choses, sinon à les faire rougir de la foiblesse de leur intelligence, à substituer les paradoxes aux principes, & à mettre le raisonnement à la place de la raison ?

Il est nécessaire d'apprendre de

bonne heure à fonder la chaîne de ses idées sur des rapports réels, & non sur des rapports apparents : ce principe est de la plus grande conséquence en morale, en physique, & dans toutes les branches de la Philosophie : c'est pour avoir raisonné sur d'infidéles apparences que Pyrrhon a osé douter de tout, & que l'Inquisition a fait brûler les livres de Galilée; sans cette mauvaise Logique, il n'y auroit peut-être ni mauvais Physiciens, ni Persécuteurs, ni Sectaires.

Dans le doute, il faut rectifier le rapport d'un sens par un autre; j'ai déja prouvé combien le toucher étoit utile pour prévenir les erreurs de la vue; la vue de son côté sert à vérifier les rapports du toucher; tout est lié dans la machine humaine, comme dans le système de l'univers.

❖❖❖

Pour résoudre un problème de morale par la voie du raisonnement, il faut partir d'une idée simple pour arriver à une idée complexe, & redescendre à l'instant de l'idée complexe à l'idée simple; l'entendement ne doit pas faire un pas qu'il ne sçache où il est, d'où il vient, & comment il peut retourner en arriere.

❖❖❖

La méthode ne consiste pas comme l'a dit Descartes, à définir un être, afin de découvrir ses propriétés; mais à chercher ses propriétés, afin de pouvoir le définir; quand on a réussi par l'analyse à décomposer un objet, & à le définir, il faut encore examiner cette définition; car si on peut en retrancher quelque chose, ou y ajouter sans l'altérer, c'est une preuve qu'on n'a pas observé la vraie génération des idées, & il faut recommencer l'ouvrage (a).

Le principe le plus utile au Logicien, est d'user de sa raison, & non

---

(a) Un Ecrivain qui s'est également rendu célébre dans les sciences exactes, & dans les Belles-Lettres, propose, afin de connoître les occasions ou les définitions sont nécessaires, & de ne point se tromper en les faisant, un ouvrage bien digne d'un Philosophe; c'est une table nuancée de tous les différens genres d'idées abstraites, dans l'ordre, suivant lequel elles s'engendrent les unes les autres; par ce moyen, il deviendroit facile, soit de les décomposer, soit de les généraliser, & par conséquent d'en fixer la notion précise, soit en les définissant, soit

de celle d'autrui ; la méditation peut égarer un esprit mal organifé : mais c'eft l'autorité qui perpétue les erreurs, & les fait fervir au malheur de l'univers.

✥

Enfin, le vrai Logicien ne fe propofe que trois objets d'étude, Dieu, l'Homme & la Nature ; Dieu, pour l'adorer en filence ; l'Homme, pour lui être utile ; & la Nature, pour occuper le vuide de fon entendement (*a*).

---

en développant leur formation. Voyez *Mélanges de Littérature, d'Hiftoire & de Philof.* tome 5, page 23. — Perfonne ne peut mieux entreprendre cette table, que l'Auteur même qui en donne l'idée, & il feroit à fouhaiter qu'il y confacrât quelques-uns de ces momens qu'il employe à mériter fa célébrité, & à s'y dérober.

(*a*) Il y avoit originairement dans cette partie de mon ouvrage trente-deux regles,

Telle est la maniere dont j'envisage la nouvelle Logique que je propose ; d'autres verront mieux que moi & proposeront un plan plus perfectionné ; mais nous partirons tous du même principe : c'est que la Logique actuelle a besoin d'être réformée.

---

dont la plupart rouloient sur le calcul des probabilités, sur l'art de conjecturer aussi nécessaire en Logique que l'art de démontrer ; sur les abstractions, les idées universelles, &c. Mais j'en ai retranché vingt-quatre, que je regarde comme des branches subalternes de mon arbre Logique ; on ne sçauroit être trop précis, surtout dans un *Prospectus* ; & en général, je suis persuadé que la multiplicité des raisonnemens nuit presqu'autant à un ouvrage, que le défaut de raisonnement.

DES THÉOSOPHES.

ON ne s'étonne pas de voir des hommes abuser de la Logique naturelle ; mais par quelle singuliere contradiction de l'esprit humain s'est-il trouvé des écrivains célèbres, qui ont écrit contre elle ? L'homme de talent qui veut détruire la raison, ne ressemble-t-il pas au Spartiate, qui sacrifioit à la peur ?

On a donné le nom de Théosophe, à ce détracteur de l'entendement humain ; c'est de tous les Sectaires le plus difficile à ramener : en effet, avec quelles armes un Philosophe peut-il attaquer un homme qui refuse de se battre, avec celles de la raison ?

Un Théosophe est un homme doué d'une grande sensibilité dans les organes, qui voit errer autour de lui les spectres, que son imagination fait naître; qui se croit subjugué par une puissance intérieure qui l'éclaire, & qui préfere, pour arriver aux connoissances sublimes, l'essor impétueux de l'enthousiasme, à la marche compassée de la raison.

La Théosophie s'est introduite sans peine parmi les hommes, parce qu'elle flatte également leur paresse & leur vanité ; il est si commode de s'instruire sans étude, & si glorieux de convaincre sans le secours de la raison !

Ne demandez ni preuves ni examen à un Théosophe ; il est persuadé, par ce qu'il est persuadé; c'est le Moine du mont Athos, qui croit à la lumiere du Thabor, parce qu'il la voit à son nombril.

Si cet enthousiaste pouvoit faire

un raisonnement, il s'en tiendroit à celui-ci; mon génie m'a sûrement inspiré cette vérité, parce que je suis convaincu de sa présence, & je suis convaincu de cette vérité, parce que mon génie me l'a inspirée.

Un Ecrivain d'une imagination ardente & déréglée, n'a souvent qu'un pas à faire pour arriver à la Théosophie. Milton, l'immortel Milton, fut l'Apologiste de Cromwel, & il seroit peut-être devenu visionnaire comme lui, si son génie l'avoit porté à ébranler les trônes, plutôt qu'à faire des poëmes épiques.

A Dieu ne plaise que j'outrage la cendre du législateur Penn & du tendre Fénelon; mais l'un fut Théosophe avant de se faire Quaker, & l'autre le fut, avant de devenir Quiétiste.

On a placé Socrate à la tête des Théosophes, comme on met un titre brillant au frontispice d'un ouvrage médiocre, afin de le faire vendre; Socrate s'est rendu trop célébre par l'usage de sa raison, pour être soupçonné d'avoir été ingrat envers elle: ce grand homme, il est vrai, se disoit inspiré par un génie; mais il ne se vantoit de ce don naturel qu'auprès de ces hommes vulgaires, qui sont faits pour croire, & non pour s'instruire; il faisoit parler la raison devant les Sages, & c'étoit devant le peuple qu'il faisoit parler son génie.

Socrate, quoique éclairé par son génie, étoit aussi Philosophe que ce Pascal, qui voyoit un abyme auprès de son fauteuil; il ne faut attribuer qu'au dérangement instantané d'une fibre intellectuelle, l'opinion bizarre de ces grands hommes; j'avouerai cependant, qu'un degré d'altération de plus dans cette fibre, pouvoir en faire des Théosophes, & la permanence de cette altération, des Frénétiques.

Un vrai Théosophe étoit ce Raymond Lulle, qu'on appelloit de son tems le *Docteur illuminé*, & qui avoit créé avec des caracteres magiques, un art de raisonner, diamétralement contraire à la raison.

Pourquoi ne feroit-on pas aussi un Théosophe de ce Pere Hardouin, le plus célébre ennemi de la Logique naturelle qu'on ait vu dans l'Europe, & qui n'attribua les Odes d'Horace, & l'Enéide de Virgile à des Moines du treiziéme siécle, que pour renverser d'un seul coup, tous les plus beaux monumens du goût, du génie & de la raison.

La plupart des Théosophes ont été Chymistes; c'est en cherchant la pierre philosophale, qu'ils ont cru trouver l'esprit surnaturel qui devoit les illuminer ; ils étoient adeptes avant de devenir visionnaires.

Le vrai Fondateur du systême théosophique est Paracelse ; ce fameux Médecin Suisse avoit voyagé dans tout l'ancien continent à l'exemple d'Hermes, de Solon & de Pythagore, afin d'éclairer l'Europe ; mais comme à son retour aucun Peuple ne s'avisa de le choisir pour son Législateur, de désespoir il se jetta dans l'Alchymie ; ses fourneaux ne lui procurerent pas plus d'or que ses voyages ne lui avoient procuré de couronne, alors il résolut de guérir les hommes qu'il ne pouvoit ni enrichir, ni gouverner; on le vit courir le monde offrant par-tout, à un prix modique, son *Laudanum* & son *Azoth*, qui guerissoient tous les maux possibles, & son élixir qui faisoit vivre trois cens ans ; il fit beaucoup de dupes, s'enrichit fort peu, & mourut à 48 ans sans avoir été détrompé (a).

Paracelse avoit son démon familier comme Socrate ; c'est de lui sans doute qu'il tenoit qu'on ne peut être Philosophe que quand on est illuminé, que le sel, le souffre & la liqueur sont les principes de tous les êtres, & que notre intelligence vient en droiture des signes du Zodiaque ; je doute

---

(a) Théophraste Bombast de Hohenheim, connu sous le nom de Paracelse, étoit fils d'un bâtard d'un Prince Allemand ; il mourut en 1541 : ses œuvres ont été réunies en trois vol. *in-folio*. On y trouve avec quelques découvertes chymiques, une foule de paradoxes mal écrits, un ton de vanité qui ne convient pas même au génie, & sur-tout un acharnement singulier contre Galien & Avicenne, qui valoient mieux que lui.

que ce fystême eut fait beaucoup de fortune, quand même son auteur auroit trouvé un Platon pour l'embellir.

Les Théosophes qui ont succédé à Paracelse sont des fols encore plus obscurs; c'est un Robert Fludds, qui fait rouler toute la nature sur deux pivots; *le principe septentrional* qui produit la condensation, & *le principe austral* qui fait naître la rarefaction; c'est un Jacques Boehm, appellé, par excellence, le Philosophe de l'Allemagne, qui dit que tous les êtres sont éternels & s'engendrent par des especes de *jaillissemens*; c'est un Jean-Baptiste Vanhelmont, qui enseigne qu'*Archée* est la cause primitive de toutes choses, & que d'elle derivent *l'air vital* & *l'image séminale*, &c. d'où l'on peut conclure que les dogmes des Théosophes sont fort obscurs, malgré l'esprit intérieur qui les illumine.

Le dernier Théosophe un peu connu est le Ministre Poiret, qui, après avoir fait beaucoup d'ouvrages de mysticité, se fit Quietiste; il avoit commencé, dit-on, par être enthousiaste du Cartésianisme; il y a un peu loin du doute méthodique de Descartes aux visions de Saint Sorlin & aux rêveries de la Demoiselle Bourignon.

Ce seroit insulter à son siécle que d'entreprendre une réfutation suivie du système des Théosophes: il est absurde de raisonner contre des gens ennemis par principe de la raison; il faut les traiter comme des malades plutôt que comme des sectaires, & le Prince qui voudroit les ramener à la doctrine universelle devroit les confier à des Médecins avant de les remettre entre les mains des Philosophes.

DU PHILOSOPHE.

Depuis que le nom de Philofophe eſt devenu le titre d'une injure modérée, qui ſert à l'envie à déſigner le talent, & au citoyen puſillanime l'homme de génie qui l'éclaire; il me ſemble néceſſaire de définir exactement l'être reſpectable, dont j'oſe prendre la défenſe. Puiſſe le tableau que j'en tracerai juſtifier en même tems l'idole & le culte de ſes adorateurs!

Un Philoſophe eſt pour moi un être ſublime, placé ſur la terre pour guérir les hommes des maux attachés à l'exiſtence, ou pour les en conſoler.

C'eſt un génie éclairé qui attache ſon bonheur au développement de ſon intelligence, qui ne s'appuye point sur les lumieres factices des hommes puissants qui ne le valent pas, & qui s'occupe dans le silence du cabinet a réformer son entendement, à se faire un caractere & à créer son ame.

C'est un partisan de l'harmonie générale qui conserve l'équilibre entre ses passions, vit en paix avec le foible qui l'évite & avec l'envieux qui le persécute, & ne fonde pas ses idées sur les loix du moment, mais sur les rapports éternels & invariables des êtres.

Il a une raison dont il étend sans cesse les limites; il ne la soumet point au caprice d'un despote qui gouverne une étendue de mille lieues, ni à l'autorité d'un écrivain mort depuis mille ans; il se réserve le droit de critiquer Aristote chez les Arabes où on le divinife, & celui de vanter la liberté, dans le nouveaumonde où on l'anéantit.

Il sçait diftinguer la morale fublime de la nature de la morale flottante des politiques, & de la morale atroce du fanatifme ; il ne pefe pas dans la même balance l'erreur & la méchanceté, & il éclaire le genre humain fans craindre qu'on le puniffe du crime irrémiffible, d'avoir annoncé la vérité.

Cependant fa plume audacieufe ne fappe point les fondemens du Trône & de l'Autel ; il refpecte les préjugés qui font utiles aux nations, honore les hommes en place, fe conforme aux ufages reçus, & ne fait fervir fa liberté de penfer qu'à perfectionner fon ame & à affurer le repos de tout ce qui l'environne ; c'eft l'aigle qui maintient la paix dans son aire, sans prétendre à réformer l'atmosphere & à calmer la rage des vents.

Le culte d'un être suprême, qui n'importune que les ingrats, fait le charme de son ame sensible; cette lumiere douce l'échauffe en même temps qu'elle l'éclaire; quand il étudie la Religion il s'apperçoit qu'elle est le centre où toutes les vérités Philosophiques vont se réunir; quand il la fuit, il reconnoît que c'est le foyer où toutes les belles passions vont s'embraser.

Il juge intérieurement les Loix des hommes, mais il est soumis à celles de sa Patrie, & si le hazard l'a fait naître parmi des esclaves, il se dérobe à la verge flétrissante du despotisme, mais sans braver ses Souverains, comme sans les flatter, sans les estimer & sans les craindre.

En un mot, le Philosophe est un être étonnant & non contradictoire, qui aime le genre humain par intérêt & par principe, qui éclaire ses contemporains, mais qui ne veut être jugé que par la justice des siécles, qui pense, parle & écrit avec énergie, mais qui n'eut jamais que la hardiesse de la vertu.

ARTICLE II.
LE HURON,
OU
De la Génération des Modes de l'Esprit Humain.

Comme les passions ne sont que les modifications de l'amour propre; de même le génie, le talent, le goût, &c. ne sont que des modes de l'esprit humain; ce qui prouve combien les ouvrages des hommes sont inférieurs à ceux de la nature; nous multiplions les mobiles, pour produire de petits effets; mais la nature avec un seul levier, fait mouvoir l'univers.

Ne perdons pas de vue un des grands principes de cet ouvrage; c'est que tous les hommes bien organisés, ont le même fond d'intelligence ; un Philosophe ne différe d'un Pâtre stupide, que parce qu'il sçait mieux lier ses idées : transportez à dix ans un Scythe à l'école de Socrate, & il pourra devenir un Platon ; mais Platon né en Scythie, ne sera qu'un individu de plus sur la terre.

Pourquoi un homme seroit-il essentiellement différent d'un autre homme ? voit-on sur ce globe des êtres intelligens qui aient plus ou moins de cinq sens ? La nature seroit-elle une mere dans ce continent & une marâtre dans l'autre hémisphere ?

L'esprit a besoin de développement comme le corps ; mais combien y a-t-il d'hommes chez qui l'esprit reste dans l'état de germe ? Ils n'ont pas plus de droit d'accuser la nature que ces Indiens à qui on allonge le crane dès le berceau, afin qu'ils restent toute leur vie auſſi ſtupides que leurs peres.

Mais ſi les eſprits animaux circulent avec liberté dans le ſenſorium ; ſi les occaſions ſont favorables au développement des fibres intellectuelles, & ſur-tout ſi les hommes ne gâtent point l'ouvrage de la nature ; je ne vois pas pourquoi un homme né à Paris auroit un plus grand fond d'eſprit qu'un homme né au Kamſatka, il ne manque peut-être à ce dernier que des livres, une langue, & de l'ennui pour devenir un Monteſquieu.

Ne tirons point le Kamſchadale des glaces éternelles qu'il habite, & examinons la génération des modes de l'eſprit humain dans un autre Sauvage extérieurement auſſi ſtupide, mais né ſous un ciel plus heureux, & par conſéquent plus favorable au développement des fibres intellectuelles ; choisissons, par exemple, ce Huron dont le plus grand homme de ce siécle a peint avec tant d'intérêt les facultés naturelles, la sensibilité, la franchise & les malheurs, & voyons s'il est possible de lui faire part de nos connoissances, & de l'amener par dégrès jusqu'au point où l'esprit semble se confondre avec le génie.

Je suppose seulement que notre Sauvage a appris notre langue en Canada & qu'il sçait lire & écrire ; cette hypothese suffira pour le faire marcher à pas de géant vers la célébrité, & pour le rendre respectable aux plus grands hommes, si même il ne les égale pas.

Toute la théorie de cet article est fondée sur deux principes ; c'est que l'esprit ne consiste que dans la liaison des idées, & qu'il n'acquiert de l'étendue qu'en saisissant des rapports plus éloignés ; un enfant au berceau n'a point d'esprit, parce qu'il ne peut rien combiner, mais Newton, qui sans employer d'idées intermédiaires, voit d'un coup d'œil le rapport entre la chûte d'une pomme & le cours elliptique des planetes, a plus que de l'esprit, il a du génie.

DU BON SENS.

TANT que le Huron resta dans ses forêts, vivant de sa chasse, se battant avec les Jaguars & fidele à sa maitresse, jusqu'à ce que l'ours la mangeât, toute son intelligence sembloit se borner au simple bon sens; cette faculté étoit en proportion avec ses besoins, & elle suffisoit à un Sauvage, qui, occupé tout entier à vivre (*a*), ne songeoit, ni à détruire les hommes, ni à les gouverner.

Je définis le bon sens, la faculté

(*a*) Un Sauvage qui étoit venu en France en 1720, à la suite d'un Prince de la Louisiane, appellé *Tamaroas*, racontoit à ses Nationaux, que ce qu'il avoit vu de plus beau à Paris, étoit la rue des Boucheries....... Ces Peuples n'estiment

de concevoir des choses communes dans le rapport d'utilité qu'elles ont avec nous ; suivant ce principe, le Huron ne sçavoit sûrement pas combien la mer reçoit par année de cubes d'eau du fleuve Saint-Laurent ; il ne sçavoit pas même que ce fleuve a une source & une embouchure : que lui importoit une idée si commune, puisqu'il ne voyageoit pas ?

Le bon sens suppose l'absence des passions fortes, & comment notre Sauvage pouvoit-il sentir avec vivacité ? Il desiroit peu & ne desiroit pas long-temps, il ne connoissoit pas encore

―――――――――――――――――

que ce qui leur est utile, & leur premier besoin est de se nourrir. *Histoire Natur. de l'Air & des Météores*, tom. 2 ; *page* 236. — Ce Sauvage n'avoit point d'esprit, mais on ne peut lui contester du bon sens.

Paris, & il n'avoit jamais vu Mademoiselle de Kerkabon.

Tout Sauvage a du bon sens, & dans les pays policés tout homme stupide en a aussi ; cette faculté se perfectionne chez les personnes qui ont un bon esprit, & elle ne se perd que chez celles qui abusent de l'esprit.

Les ennemis des talents sont ordinairement enthousiastes du bon sens; ils ne sçavent pas que cette faculté est commune à tous les êtres intelligens, qu'elle ne contribue en rien au progrès de l'entendement humain, & que le bon sens n'est un titre d'éloge que pour les hommes qui n'en méritent point.

Il viendra un tems où le Huron, attendri à la représentation d'Iphigénie, éclairé par la lecture de Locke, & étonné du génie de Newton, rougira de n'avoir eu pendant les vingt premieres années de sa vie que du bon sens ; il ne méprisera pas ce don de la nature, mais il ne l'estimera que ce qu'il vaut, car alors il sera Philosophe.

DE L'ESPRIT.

Un Philosophe ingénieux a dit que là où le bon sens finit, l'esprit commence (a) & cette nuance délicate, entre deux facultés de l'esprit humain, n'auroit jamais été observée par un homme qui n'auroit eu que du bon sens.

(a) *De l'Esprit*, tome 2, dif. f. ch. 12. — Toute cette partie de ce Livre célébre, qui renferme l'analyse des différentes branches de l'esprit humain, est pleine d'idées neuves, de principes vrais, & de bonne Philosophie ; si nous ne nous rencontrons pas toujours dans nos divisions, nos définitions, &c. C'est que nos plans & nos manieres ne sont pas les mêmes ; je ne fais pas le livre de ce Philosophe, mais le mien.

L'homme le plus stupide lie ses idées, puisqu'il raisonne; mais on n'acquiert le titre d'homme d'esprit que quand on voit les rapports des choses sans employer beaucoup d'idées intermédiaires ; ces milieux servent de points d'appui à notre foiblesse ; & l'art d'éclairer son entendement n'est que l'art de les franchir.

Le Huron dans ses bois avoit-il de l'esprit ? Voilà un problême qu'il est impossible de résoudre sans le secours de l'analyse : en effet, on envisage l'esprit sous tant de faces, qu'on peut répondre ici oui & non sans se tromper ; ne nous hâtons point d'être décisifs & prenons la balance.

I.

L'ESPRIT JUSTE. — C'est la netteté dans les idées qui le constitue ; il vient de ce sentiment du vrai imprimé dans l'ame, & dont on a parlé sous le nom d'instinct moral ; suivant ce principe la justesse d'esprit est un equalité commune à tous les êtres intelligens ; elle ne se perd que parce que les préjugés viennent en foule s'établir dans le siége de l'ame : ce sont les hommes & non la nature qui forment les esprits faux.

Le Huron dans ses bois a l'esprit juste ; il n'est occupé qu'à avoir un bon hamak, à faire une bonne chasse & à plaire à sa maîtresse ; ces idées sont simples, & il ne doit pas se perdre dans l'étendue des combinaisons.

Sa vie active le met à l'abri des passions fortes ; il est froid, & ainsi il raisonne toujours bien.

Il a l'esprit juste, parce qu'il pense d'après lui-même, & il pense d'après lui-même, parce qu'il est libre.

Chez nous la justesse d'esprit confifte à être conséquent, & le Philofophe n'y attache pas un grand mérite ; car on peut partir d'un principe faux comme d'une grande vérité pour raifonner avec juftefſe ; le monde eft plein de ces hommes vulgaires qui adoptent fans examen les opinions reçues, en tirent des conféquences exactes, raifonnent jufte, & font à peine des êtres raifonnables.

Le Négre qui croit qu'un hanneton a créé le monde n'a point l'efprit faux, parce qu'il fe profterne avec fes Prêtres devant un hanneton ; & le Canadien raifonne auffi avec juftefſe quand il tue le hanneton facré de l'Afrique fur les Autels du grand Liévre ; & fi dans la fuite le Caffre égorge pieufement l'Américain pour le punir d'un tel facrilége, on ne fçauroit l'accufer d'être inconféquent ; tout cela ne rend pas l'esprit juste en général fort respectable.

La justesse ne devient une faculté sublime de l'esprit humain que dans un homme de génie qui a beaucoup vu & beaucoup réfléchi, qui discute les principes avant d'en déduire les conséquences, & qui juge avec sagacité tous les rapports, parce qu'il a tout approfondi. Dans ce sens Montesquieu étoit un esprit juste, mais le Huron ne l'est pas encore.

II.

L'ESPRIT VIF. — Notre Sauvage, quoiqu'encore dans l'Huronie, peut avoir de la vivacité dans l'esprit ; rien ne gêne l'action de ses organes ; les esprits animaux circulent avec liberté dans ses fibres ; son entendement est peu exercé, mais il opere avec promptitude ; il n'eſt point organiſé pour avoir l'eſprit vif, mais il a l'eſprit vif, parce qu'il eſt bien organiſé.

La vivacité eſt ſouvent l'appanage d'un ſot, & je ne ſçais rien de ſi inſupportable dans le monde qu'un automate qui monte lui-même ſes reſſorts pour briller, & un homme lourd qui viſe à être ingénieux.

Le tourbillon de la ſociété eſt plein de ces petits météores qui étonnent un inſtant, mais qui n'ont qu'une lumiere empruntée ; la vivacité en eux annonce l'eſprit, & l'empêche en même tems de s'accroître.

L'homme de génie au contraire paroît flegmatique dans le monde ; c'eſt que ſes eſprits animaux ne coulent avec liberté que dans l'ombre du cabinet ; la ſociété n'eſt point ſon élement ; tout ce qui la compoſe eſt trop petit pour occuper l'entendement de l'homme sublime qui étudie l'enchaînement des êtres & se trouve à l'étroit dans les limites de l'univers.

III.

L'ESPRIT LUMINEUX. — L'esprit lumineux n'est qu'une extension de l'esprit juste; il ne fait que mettre le sceau de l'évidence à des rapports qu'on a saisis avec exactitude ; ainsi le Huron n'a pas besoin de sortir de ses bois pour mériter le titre d'esprit lumineux.

Si cependant on renferme dans cette faculté non-seulement l'art de concevoir avec clarté, mais encore le talent de rendre ses idées visibles au commun des hommes, je conçois aisément qu'un Sauvage qui vit avec les ours & qui ne voit son égal que pour lui disputer sa proie ou sa maîtresse, ne peut être appellé un esprit de lumiere.

L'écrivain qui porte dans les sciences l'esprit lumineux qu'il a reçu de la nature, a beaucoup de titres à la reconnoissance des hommes; il applanit les routes qui conduisent aux premiers principes ; il rapproche l'intervalle immense qui sépare le Peuple du Philosophe, & par cet artifice heureux, il rend la vérité respectable.

Un homme de génie, qui n'a de commerce qu'avec la nature & avec son intelligence, écrit rarement pour le peuple ; il faut que l'esprit lumineux devienne son interprète ; alors les symboles de la langue sacrée disparoissent, les grandes vérités deviennent fécondes, & tout le monde est Philosophe.

Quand le Huron tranquille dans notre Capitale, après la mort de la belle Saint-Yves, voudra se consoler du vuide de son cœur, en étendant la sphere de son intelligence, il recherchera les esprits lumineux plutôt que les hommes de génie, & il commencera par être l'enthousiaste de Fontenelle, afin d'acheter le droit de devenir celui d'Archimede & de Newton.

IV.

L'Esprit étendu. — Il est rare qu'un esprit lumineux ne soit en même tems étendu : plus un foyer est ardent, plus les rayons qui s'en échappent, se réfléchissent au loin ; & tel est le privilége d'une vue nette, d'embrasser aussi un grand nombre d'objets à la fois.

On observe que parmi les Philosophes, ceux qui ont été les plus lumineux, ont pour la plupart été universels ; tel fut ce Fontenelle, bel esprit à la fois & géometre ; tel fut ce Leibnitz, dont les ouvrages forment une espece d'Encyclopédie ; tel est encore aujourd'hui l'Auteur de la Henriade, génie étonnant, qui a rassemblé tous les talens, & à qui il ne manque que d'être mort, pour être opposé par l'envie même, à tous les grands hommes du siécle de Louis XIV.

Le nom de M. de Voltaire me ramene à l'histoire de l'Ingénu ; ce jeune Sauvage tant qu'il erre dans ses forêts, mene une vie trop uniforme & arrête sa pensée sur trop peu d'objets pour que son esprit puisse s'étendre ; mais qu'il entre dans les plaines de l'Huronie, qu'il voie par quel art l'homme a sçu dérober le terrein qu'il habite aux bêtes féroces & aux eaux ; qu'il considere combien la culture de la terre ajoute de charmes à la sérénité du Ciel ; qu'il médite sur les tableaux multipliés de la nature, & vous verrez l'horifon de fes idées fe dévélopper.

Son entendement fortira de la fphere étroite où il eft circonfcrit, s'il a le loifir de réfléchir fur l'art de parler; s'il s'apperçoit combien la langue des fignes eft inférieure aux glouffemens de fa langue materneile; & quel prodigieux intervalle il y a encore de ces glouffemens à l'harmonieufe fécondité des langues de l'Europe.

Le fpectacle des hommes raffemblés contribuera auffi à féconder fon intelligence; il verra avec étonnement combien la réunion des forces publiques ajoute aux forces de chaque individu; il foupçonnera que les Loix peuvent être le gage de l'indépendance, & quel que foit le caprice des Souverains, il fentira qu'il eft encore plus dur de fe battre avec des ours que d'obéir à des hommes.

L'esprit du Huron aura d'autant plus de facilité à s'étendre que les préjugés n'ont pas encore affiégé la porte de fon entendement; il voit la nature telle qu'elle eft, & fon ame s'agrandit fans effort en l'obfervant.

V.

L'ESPRIT PROFOND. — La profondeur des idées fuppofe que l'ame a le courage auffi bien que le loifir de fe réplier fur elle-même, de fuivre l'enchaînement des caufes, & de décompofer les objets jufqu'à leur derniere analyfe.

Le Huron, à la vue du nouvel univers qui fe developpoit à fes yeux, n'a pu d'abord que parcourir avec rapidité les tableaux mobiles de la nature; dans la fuite fon ame s'eft arrêtée fur les grands objets, il a ofé fonder la profondeur des êtres dont il n'avoit fait qu'éfleurer la surface, & son entendement a acquis l'usage d'une nouvelle faculté.

Plus le Sauvage se fera au travail de penser, plus il deviendra pénétrant ; son activité se consumera à épuiser une connoissance plutôt qu'à les éfleurer toutes, & il préférera la gloire d'être profond à celle de n'être qu'étendu.

S'il m'est permis de parler aussi librement que je pense, je me persuade que la décadence des arts ne vient pas du défaut d'étendue dans les connoissances, mais du défaut de profondeur ; dès qu'on peut se dispenser en lisant de la fatigue de penser, dès que toutes les sciences sont en dictionnaires, & qu'il suffit de respirer l'air de la littérature pour devenir homme de lettres, on peut en conclure que le goût commence à s'anéantir ; il en est alors des arts comme d'un fleuve à qui on ne creuſe point de lit, & qui ſe perd dans une plaine unie à force de s'y étendre.

Dans un ſiécle tel que je viens de le dépeindre, on doit rencontrer mille eſprits vifs pour un eſprit profond ; il eſt ſi commode de franchir un abyme au lieu de le ſonder ; il eſt ſi ſimple de croire aller fort loin, parce qu'on va fort vîte!

Au reſte, je ne donne point le titre d'eſprit profond à celui qui diſcute péniblement des bagatelles ; il eſt réſervé à ces génies heureux qui portent le flambeau de l'analyſe dans les routes inconnues qui menent aux grandes vérités ; c'eſt Locke qui peut être appellé un homme profond, & non le bel eſprit qui ſçait interpréter des logogriphes.

V I.

L'Esprit philosophique. — Plus

l'Ingénu s'éloigne de ses bois, plus sa pensée s'étend, sans perdre son énergie, & plus il devient Philosophe.

L'esprit philosophique se forme de la profondeur des idées, de l'élevation des sentimens; & de l'indépendance des opinions humaines; & dans ce sens, notre Sauvage est aussi Philophe que Tacite, Bacon & Montagne.

On confond assez communément l'esprit philosophique, avec l'esprit fort ; convenons d'abord des termes; il est encore plus sage de prévenir les disputes, que de les terminer.

Si on entend par esprit fort, un homme dont l'entendement est bizarrement organisé, qui marche sans balancier sur le fil délié de la métaphisique, & dont l'orgueil se joue de toutes les grandes vérités qui forment le syftème de la nature; je déclare que
l'Ingénu

l'Ingénu ne sera jamais un esprit fort, & qu'un tel esprit fort ne mérite pas le titre de Philosophe.

J'ai toujours cru qu'on devoit appeller esprit fort l'homme de génie, qui ne vend son ame au despotisme de personne, qui secoue le joug des superstitions religieuses & littéraires, & qui ne pense que d'après lui-même, la nature & la vertu.

Suivant cette définition, le Huron a tout ce qu'il faut, pour donner à son intelligence la force que la nature a donnée à ses organes; il est libre comme l'air qu'il respire; ainsi il ne flattera jamais les Rois, il n'augmentera pas le nombre des Bonzes ou des Marbuts, & l'homme de génie lui-même, ne recevra son hommage, que parce qu'il est homme de génie, & non parce qu'on lui a décerné un culte & des autels.

Tome III.

VII.

Le bel esprit. — Dans l'acception la plus étendue, ce mot ne doit désigner qu'une intelligence heureusement organisée qui s'attache au vrai beau, à ce beau qui caractérise la nature, & dont tous les hommes dans tous les siécles peuvent être frappés ; dans ce sens un Huron peut prétendre au titre de bel esprit aussi bien qu'Ovide, Pope & Chaulieu.

L'usage qui est le tyran même du génie, a beaucoup limité la définition primitive du bel esprit ; nous entendons sous ce nom un homme doué d'une imagination brillante, & d'un esprit fléxible, qui s'approprie tous les talens agréables, & qui saisit avec art le beau que son siécle a adopté.

Pour obtenir chez nous le titre de bel esprit, il suffit de composer dans le genre d'agrément ; le Philosophe qui n'est qu'utile ne sçauroit y prétendre ; on l'a donné a Fontenelle & à la Fare, & on le refuse à Archimede, à Aldrovande & à Tournefort.

Il y a, suivant notre maniere de penser, un grand intervalle entre l'homme d'esprit & le bel esprit ; l'un n'a point de talent marqué, ou le laisse dormir ; l'autre en fait usage & l'affiche ; il y a des hommes d'esprit dans toutes les classes des arts ; il n'y a gueres de beaux esprits que parmi les Orateurs & les Poëtes.

Seroit-il difficile de prouver que même dans le sens le plus stricte, l'Ingénu confiné dans les plaines de l'Huronie peut prétendre au titre de bel esprit ?

La facilité avec laquelle on saisit le goût des hommes avec qui l'on vit, est un des principaux caracteres du bel esprit ; or, les Sauvages de l'Amérique n'ont pas fort étendu le cercle de leurs connoissances ; arranger avec art du corail autour de ses oreilles, faire en parlant des gestes véhements, fumer avec grace une pipe de tabac suffit peut-être pour devenir le bel esprit des Hurons.

L'Ingénu aima long-tems la belle Abacaba, par conséquent il fit des vers de bonne heure ; car, dit l'ingénieux historien de notre héros, il n'y a aucun pays de la terre où l'amour n'ait rendu les amans Poëtes ; or faire des vers en langue Huronne, est un titre au bel esprit aussi-bien que d'en composer dans la langue de Racine & dans celle d'Anacréon.

On paroît borner le bel esprit au talent de bien dire ; l'Ingénu fait mieux, il réunit au talent de bien dire le talent de bien penser ; il puise ſes idées dans le tableau ſublime de la nature, & il les exprime avec feu dans les bras de ſa maîtreſſe.

Le bel eſprit de l'Huronie n'eſt pas celui des ſiécles d'Auguſte & de Louis XIV; mais il en eſt peut-être le germe; ſi quelque Philoſophe oſoit décompoſer nos Poétiques, on s'appercevroit que ces regles innomblables dont on les ſurcharge ſe reduiſent au fond à deux ou trois idées, qu'on vante ſouvent ſans les ſuivre ſur les bords de la Seine, & qu'on ſuit ſans les vanter près du lac Ontario.

DU GOUT.

On a vu que l'Ingénu pouvoit avoir du bon sens & de l'esprit sans sortir de l'Huronie; mais il me semble que pour acquérir du goût, il est nécessaire qu'il voyage en Europe & sur-tout chez ce Peuple ingénieux & frivole qui depuis un siécle & demi s'est fait le centre de tous les talens ; que ses voisins envient, mais sans cesser de l'imiter ; & qui a obtenu par ses grands génies la Monarchie universelle que n'ont pu lui procurer ses grands Capitaines.

Le goût n'est au fonds que le sentiment du beau ; mais ce sentiment a besoin d'exercice & d'objets de comparaison: le goût d'un Sauvage qui habite avec des ours ressemble à la vue

DE LA NATURE. 343

perçante d'un criminel qui habite dans un cachot.

Si le goût n'étoit que ce tact intérieur qui nous fait juger du prix du beau de convention, il seroit encore plus impossible de l'acquérir par ses propres lumieres; il faut se rendre chez le Peuple qui est sur ce sujet le Législateur des autres; il faut visiter ses monumens, fréquenter son Théatre & identifier son esprit avec celui de ses Ecrivains; le goût est une lampe qui ne peut s'allumer qu'au flambeau du génie.

L'Ingénu est déja en basse Bretagne, destiné par son oncle à être un Prieur de Moines, lorgné tendrement par la ronde Demoiselle de Kerkabon, mais ne respirant que pour la belle Saint-Yves; j'ai appris dans un voyage fait au Prieuré de la Montagne que l'amante du Huron avoit été élevée à

Paris ; elle connoissoit tous nos bons livres ; elle sçavoit par cœur Racine ; mais elle ne sentit tout le mérite de ce Poëte immortel que quand elle commença à aimer.

C'est aux genoux de cette tendre Bretonne que l'Ingénu apprend les premiers élemens de l'art du goût ; son ame se met d'elle-même à l'unisson de celle de son amante ; son imagination s'embrase au feu de ses regards ; s'il doit lui présenter des fleurs, il les tressera avec élégance : s'il chante devant elle, le sentiment lui dictera ses modulations ; s'il lui déclame des vers de Racine, il fera croire qu'il les a composés.

Déjà notre Sauvage ne l'est plus ; le spectacle de la belle nature, l'habitude de comparer & sur-tout l'envie de plaire, ont développé en lui l'organe du goût : d'abord il découvre avec sagacité les regles que se sont faites les maîtres de l'art ; dans la suite il parvient à un tel point de perfection, qu'il applique avec sagacité les principes mêmes qu'il ne connoît pas.

Il est presqu'impossible de soumettre à l'analyse ce tact de l'ame, qu'on peut définir le sentiment de la belle nature ; cependant l'Ingénu, à force de réfléchir s'appercevra que c'est à la beauté de son imagination, à la finesse de ses idées, & sur-tout à la sensibilité de son ame qu'il doit cette nouvelle faculté de son entendement : son amour pour la belle Saint-Yves, a fait éclorre en lui le germe du goût, & le goût le ramenera sans cesse à l'amour de la belle Saint-Yves.

I.

L'Imagination.—Je regarde l'imagination, non comme l'essence du goût, mais comme son aliment; c'est elle qui fixe la pensée fugitive, qui donne des couleurs aux sensations, & qui force les idées abstraites à se revêtir d'images sensibles; elle est le partage de tous les hommes bien organisés, dont de tristes préjugés, une Philosophie aride, & une religion minutieuse, n'ont point glacé l'entendement; & c'est par le langage qu'elle a fait naître, que le peuple & le sage peuvent s'entendre.

L'imagination jouoit un grand rôle chez les Ecrivains de l'antiquité; nés sous un ciel heureux, ils parloient des langues favorables à l'harmonie; ils avoient une Physique animée, & une Mythologie qui n'étoit qu'une galerie de tableaux; leur monde Métaphysique étoit peuplé d'êtres sensibles; leur religion vivifioit toute la nature & leurs Philosophes étoient Poëtes.

Je ne vois pas cependant que les anciens ayent moissonné en entier le champ de l'imagination, & qu'il ne nous reste plus qu'à glaner après eux ; tous nos bons écrivains sont pleins d'idées neuves & d'images brillantes qui expriment ces idées ; il y a autant de nuances possibles dans les tableaux de la nature, que de combinaisons dans les caracteres d'imprimerie, & tout homme qui voit les objets d'après lui-même, doit les peindre à sa maniere.

L'imagination si nécessaire au goût, subsiste souvent sans lui; il faut attribuer ce défaut à l'incohérence des figures, à l'ignorance des bons modeles, & sur-tout à la manie de tout peindre; Lucain, le Docteur Young, & la plupart des Poëtes Orientaux, ont une belle imagination ; mais ils ne font jamais entrés dans le Temple du Goût.

Obfervons cependant, qu'on ne fçauroit être trop circonfpect, quand on accufe les hommes d'une brillante imagination, de manquer de goût ; un poëme écrit avec chaleur, ne doit point être foumis à l'analyfe philofophique ; pour en juger fainement, il faut choifir fon point de vue : il en eft peut-être d'un ouvrage d'imagination, comme d'une de ces belles décorations de Servandoni, qui, du théâtre ne paroit qu'un mélange groffier de couleurs, & dont l'illufion magique fe fait fentir au parterre (*a*).

(*a*) Je rendrai cette idée fenfible, par un trait tiré de la troifiéme nuit du Docteur Young, & qui a paru aux gens de

Le goût peut se faire remarquer dans les petits détails, comme dans l'ordonnance des grands Tableaux; il

lettres, un des morceaux les plus sublimes de cet ouvrage.

« A l'heure mémorable, dont une éter-
» nité prépara l'étonnante merveille, lorf-
» que Dieu voulant produire, féconda le
» néant, conçut dans son sein la nature,
» enfanta l'univers, & fit couler une éma-
» nation de son être dans des milliers de
» mondes; lorsqu'il entreprit l'horloge
» merveilleuse des spheres, pour mesurer
» par leurs révolutions la durée des êtres;
» alors le tems nâquit. Lancé du sein de
» l'immobile éternité, dans l'espace ou se
» mouvoit l'univers, il commença de fuir
» pour ne plus s'arrêter, entraînant avec
» lui les hommes & les jours, les années &
» les siécles. Infatigable, il tend avec la vi-
» tesse de l'éclair vers l'éternité; il court
» sans relâche pour l'atteindre; il ne doit
» arriver à ce terme de son repos qu'au mo-

y en a dans une fleur de Tenieres comme dans toute la galerie de Rubens, & dans un diftique d'Anacréon comme dans la Henriade.

» ment, où tous ces mondes ébranlés, ren-
» verſés de leurs baſes, à la voix du Créa-
» teur, retomberont enſemble dans la nuit
» du cahos d'où cette voix les appella.
» Juſqu'à ce que cette heure fatale arrive,
» Dieu lui ordonne de pourſuivre toujours
» ſon vol, & de ſe hâter avec les tem-
» pêtes, les flots & les aſtres, ſans ja-
» mais attendre l'homme. C'eſt à l'homme
» de ſe hâter avec lui; veut-il ralentir la
» courſe fougueuſe du tems impitoyable
» qui l'entraîne a la mort ? Veut-il jouir
» des heures quand elles paſſent ?.... Qu'il
» les conſacre à la vertu ; leur fuite eſt
» inſenſible pour l'homme de bien, il ne
» ſe plaint, ni du tems, ni de la vie, ni
» de la mort ; il marche en paix & d'un pas
» égal avec la nature ». — *Nuits d'Young,
trad. de M. le Tourneur, tome I, page 64.*

Parmi les grands traits que l'imagination des hommes de génie a fait naître, il y en a qui frappent également les hommes de tous les siécles

---

Ce morceau d'enthousiasme métaphysique, paroît avoir frappé également les gens de goût qui sont à Paris, & ceux qui habitent dans Londres : croit-on cependant, que les traits divers qui forment ce tableau, soient inaccessibles à la critique? Si l'on vouloit nuire à ses plaisirs, voici je pense, comment une triste Philosophie pourroit s'y prendre.

A l'heure mémorable, dont une éternité prépara l'étonnante merveille. — Qu'est-ce qu'une *éternité* dont on peut fixer un des termes? L'*heure mémorable* commençoit-elle une seconde éternité?

Lorsque Dieu féconda le néant. — Le néant a-t-il un germe? Qu'est-ce que le néant pour un Poëte, comme pour un Philosophe?

Et conçut dans son sein la nature. — Quand on parle le langage de la Religion, il faut

& de toutes les nations ; tel est dans Homere l'allégorie de la chaîne d'or avec laquelle Jupiter entraîne les hommes & les dieux ; tel le cinquieme acte de Rodogune ; tel encore le discours

---

être exact ; la nature, suivant l'idée la plus lumineuse, n'est autre chose que Dieu même ; & qu'est-ce qu'un Dieu, qui conçoit un Dieu ?

Lorsqu'il entreprit l'horloge merveilleuse des spheres, pour mesurer par leurs revolutions la durée des êtres, alors le tems nâquit. — Cette horloge ne désigne les heures que pour le Peuple stupide. Tout homme qui pense, sçait que le tems ne se mesure point par la révolution des planetes, mais par la succession lente ou rapide des idées.

Le tems infatigable tend avec la vitesse de l'éclair vers l'éternité, & court sans relâche pour l'atteindre. — Ce tems, suivant les idées du Poëte, est sans doute une portion de l'éternité ; ce qui joint à celle qui *prépara l'heure mémorable*, & à celle vers la-

pathétique de l'Océan personnifié à Gama dans la Lusiade du Camoëns; ces monumens du goût & du génie

---

quelle *il court sans relâche*, forme de bon compte trois éternités.

On sent assez jusqu'où cette critique peut être continuée; mais certainement, celui qui la feroit sérieusement, ne mériteroit pas le titre d'homme de goût; il est des tableaux, dont un juge éclairé n'examine que l'ensemble & d'autres, dont il ne doit observer que les détails.

Cette Théorie plus approfondie, pourroit donner la solution de plusieurs problêmes littéraires; par exemple, les observations de l'Abbé d'Olivet, sur les Tragédies de Racine, peuvent être un chef-d'œuvre de discussion grammaticale; mais sûrement elles ne sont pas l'ouvrage d'un homme de goût : le critique a peut-être raison; mais les vers même critiqués de Racine, vivront plus que tous les livres de l'Abbé d'Olivet.

réunis doivent frapper chez des Scythes comme chez des Grecs, & au Sénégal comme sur les bords de la Seine, ou de la Tamise.

Outre ces grands tableaux, il y a des beautés du second ordre qui ne sont sensibles que pour les gens de goût; tels sont le développement du caractere de Neron dans Britannicus, l'intérêt que Richardson fait prendre dans Clarice pour l'affreux Lovelace; l'art avec lequel les styles de Zaïre & de Mahomet sont variés, &c. On feroit un volume entier de remarques sur les traits de génie, qui échappent aux esprits subalternes, & après la lecture des ouvrages mêmes où on peut les puiser, ces remarques formeroient peut-être les meilleurs élemens de goût qu'on pût donner chez aucune nation de l'Europe.

L'imagination, quelqu'abus qu'on

en faffe, eft toujours une des bafes du goût ; elle eft néceffaire à l'Ecrivain qui compofe comme à l'homme du monde qui juge, & la froide raifon, quand elle eft feule, tue le goût dans un ouvrage d'agrément & dans l'ame de fes lecteurs.

II.

LA FINESSE. — Le goût dédaigne les routes vulgaires, il veut marcher fans appui & dans le fentier qu'il s'eft lui-même tracé ; ainfi il y aura toujours quelque chofe de neuf dans fes idées ou dans la maniere de les joindre ; fi le principe découvert étoit une de ces vérités lumineufes & fécondes qui donnent une nouvelle marche à la nature, l'homme de goût deviendroit un homme de génie ; fi l'invention ne confifte que dans les idées intermédiaires qu'on laiffe à fuppléer, le goût se confond avec ce qu'on nomme finesse.

Un homme qui réunit le goût & la finesse, a des sensations inconnues au reste des hommes ; s'il écrit, son intelligence décompose des idées qui paroissent élémentaires ; s'il aime, il joint au plaisir principal des voluptés accessoires qui multiplient les jouissances ; Fontenelle ne voit pas une rose comme la voit un fleuriste ; Ovide n'aime pas Corinne comme l'aimeroit un Tartare.

Je définirois volontiers la finesse, cet œil de l'entendement qui voit toutes les nuances des objets & qui évite de se faire voir ; voilà pourquoi l'homme de goût est si rare & souvent ne peut se faire entendre que par les gens de goût.

On confond quelquefois la finesse avec la délicatesse, parce que toutes deux suppriment des pensées intermédiaires & voilent les idées, ou les images dont elles sont revêtues ; cependant il y a entr'elles une nuance qui n'échappe pas à l'homme de goût ; la finesse ne désigne que l'esprit ; mais la délicatesse caractérise le sentiment.

Il y a de la finesse dans ce vers de Fontenelle.

On ne doit point aimer quand on a le cœur
    tendre.

Il y a de la délicatesse dans cette réponse d'Hyppolithe à Théramene.

Si je la haïssois, je ne la fuirois pas.

On trouve à la fois de la finesse & de la délicatesse dans l'épigramme de Marot sur un baiser, qui finit par ces deux vers.

Mais je voudrois qu'en me le laissant prendre,
Vous me dissiez : non, tu ne l'auras pas.

Comme le goût physique s'altere

par les aſſaiſonnemens ; le tact de l'eſ-prit s'altere auſſi par l'abus de la fi-neſſe ; on en eſt venu à s'imaginer qu'il ſuffiſoit, pour avoir du goût, de rendre des idées communes par des images obſcures & par un tour recher-ché ; tel étoit en particulier le talent de Marivaux ; auſſi ſes Comédies & ſes Romans ne ſont que des recueils d'énigmes.

Le moyen le plus ſûr pour ſe faire un fond d'idées fines & pour les concilier avec le goût eſt de ne travailler que pour un certain nombre de lecteurs choiſis qui inſenſiblement dictent au public & à la poſtérité les jugemens qu'elle doit porter ; ſur la fin du regne de Louis XIV on pouvoit regarder la ſociété du Temple comme le centre du bon goût, & il ſuffiſoit alors de tra-vailler pour elle pour mériter un jour le ſuffrage de toute la terre.

III.

LE SENTIMENT.—Il faut diftinguer avec foin la fenfation qui regarde les befoins phyfiques de la nature, du fentiment qui a pour objet les befoins factices que fe donne l'homme en fociété ; tous les individus intelligens ont des fenfations ; mais le fentiment femble réfervé à cette claffe d'hommes polis qui a fait un art des jouiffances & qui croit goûter également le bonheur qu'il éprouve & celui qu'il imagine.

Il y a dans les arts des beautés touchantes qui dès la naiffance des âges ont frappé les hommes heureufement organifés ; ces obfervations multipliées ont fait naître dans la fuite l'art du goût ; dès que le fyftême a été établi, il n'a plus été permis de réclamer contre fes principes ; les critiques ont appris aux bons esprits à sentir & au Peuple à dire qu'il sentoit.

Il y a eu peut-être de la témérité à soumettre au joug des préceptes, le goût qui comme le génie est ennemi né de la dépendance; cependant les auteurs des poëtiques ont rendu un service essentiel aux lettres; ils ont appris à lire les ouvrages des hommes de génie, & de l'art de bien lire à l'art de sentir, il n'y a peut-être qu'un pas.

On a établi comme une regle invariable que pour rendre le sentiment il faut être né sensible; un homme qui n'a jamais aimé, n'est point fait pour peindre l'amour, & Boileau qui a si bien traduit l'Hymne de Sappho, ne l'auroit jamais composée.

On voit cependant des gens obligés par état à feindre le sentiment, attendrir un public choisi, comme s'ils éprouvoient

éprouvoient eux-mêmes le délire des grandes passions; il y a des Comédiens, jugés insensibles par les Philosophes, qui sçavent monter leur ame au ton du sentiment, & l'illusion est alors aussi complette, que si la scene se passoit hors du théâtre.

De-là on a conclu qu'il y avoit un sentiment d'habitude, distingué du sentiment raisonné; & l'impossibilité d'expliquer un phénomene de la nature, a fait conclure, que le goût étoit en même tems le partage d'un Racine & l'appanage des singes.

Me seroit-il permis de reclamer contre ce principe? Les Philosophes ont-ils lu avec soin dans le cœur d'un Comédien, avant de le priver de la sensibilité, est-il bien vrai que cette Champmelé que Racine lui-même a aimée n'a jamais fait que jouer le sentiment? quel rapport y a-t-il entre les

reſſorts d'un automate, & ces mouvemens impétueux qui déchirent l'a-
me, & ſe communiquent aux ſpec-
tateurs, avec la rapidité & la violence d'un embraſement? Quand il
ſeroit décidé que l'actrice qui m'at-
tendrit à peu d'eſprit, je ne voudrois
pas juger qu'elle eſt inſenſible; ce
qu'on appelle l'eſprit eſt ſi peu eſſentiel
au goût, il y eſt ſi ſouvent oppoſé!

Remontons de l'art de déclamer les
vers, à l'art de les faire; on peut
établir comme une maxime générale
que l'eſprit ne ſçauroit jamais remplacer le ſentiment; dès que le Poëte
qui doit m'attendrir eſt ingénieux, il
devient froid; il reſſemble à un
amant aimé, qui trouvant ſa maîtreſſe endormie au fond d'un boſquet,
s'amuſe à l'enchainer avec des guirlandes de fleurs.

Les vers de ſentiment ſont aiſés à

distinguer; ils attendrissent sans qu'on en sçache la raison; ils sont simples comme la nature; ils ne semblent pas faits, mais trouvés.

Sur-tout ils ne sont point arrangés en forme de sentence; cet air d'apprêt tue le sentiment; Senéque, Corneille, & Crébillon, qui avoient beaucoup de génie, mais peu de goût sont féconds en vers de maxime; il n'y en a presque point dans Euripide & dans Racine qui unissoient le goût au génie.

Ce n'est point ici le lieu de s'étendre sur la théorie du sentiment; tout homme bien organisé le rendra de lui-même, s'il sçait se placer au centre de la passion: veut-il encore perfectionner son goût ? qu'il lise peu les poëtiques; je connois trois grands maîtres qui l'instruiront avec bien plus de succès qu'Aristote, Gravina

& Castelvetro : c'est son cœur, Racine, & Richardson.

Il n'y a rien dans cette légere théorie, qu'on ne puisse appliquer à notre Sauvage, il est né parfaitement organisé ; il aime ; il est à Paris : que lui faut-il de plus pour prétendre au titre d'homme de goût ?

Son imagination que le préjugé n'a pas encore eu le tems d'énerver, conserve toute sa sphere d'activité ; il lit l'esprit des Loix, avec l'esprit de Montesquieu ; il monte au théâtre avec Racine, & parcourt les Tuileries avec le Notre & Girardon.

Habitué à réfléchir, il exerce sa pensée à franchir de grands intervalles ; son ame se fait de nouvelles sensations, & son entendement crée de nouveaux rapports entre les êtres ;

il sent d'abord finement, ensuite il pense de même.

L'amour a commencé à faire éclorre en lui le germe du sentiment; bientôt la lecture des Poëtes le développe: s'il lit Iphigénie & Alzire, il rapporte à sa situation les vers brûlans d'Achille & de Zamore; s'il écrit à son amante, il prendra, sans le sçavoir, la plume de Petrarque, & le pinceau de Chaulieu.

Enfin l'Ingénu a du goût; l'ingénieux Lafare peut l'admettre dans la société du Temple; Moliere, le consulter sur le Misantrope; la Fontaine, lui dédier des Fables, & Chapelle s'ennyvrer avec lui.

DU GÉNIE.

La scene change; l'Ingénu, après la révocation de l'Edit de Nantes, avoit osé s'attendrir sur le sort des réfugiés; le Pere le Tellier, ennemi né de Port-Royal, des Protestans, des gens de lettres, & de tout ce qui n'étoit pas Jésuite, obtient une lettre de cachet contre un Huron, & ce Sauvage est mis à la Bastille pour avoir été plus humain qu'un Confesseur de Louis XIV.

C'est dans la sombre prison où l'Ingénu est renfermé, qu'il sentira développer en lui le germe du génie; sa pensée solitaire deviendra profonde; l'image des crimes de l'homme se peindra à ses yeux sous des traits brûlans & sublimes; tandis que ses fens feront dans les ténébres, fon ame fera éclairée par les rayons de l'enthoufiafme, & il deviendra grand dans un cachot, comme le Docteur Young l'eſt devenu en errant autour des tombeaux.

Si dans la fuite cet infortuné devient libre, & que volant dans les bras de fon amante, il la trouve à vingt ans commandant fon cercueil ; s'il apprend par quel effort de vertu cette femme généreufe a perdu fon innocence ; s'il voit dans les convulfions du défefpoir ce S. P.... qui trouve dans une biere l'objet dont il venoit jouir, croit-on que ce tableau terrible ne fe gravera pas en traits de feu dans fon efprit ? Et que lui manquera-t-il pour le rendre avec tout le pathétique des grandes paffions ? s'il fait alors une élégie, il créera une nouvelle nuit d'Young ;

Q iv

s'il expose sur le théâtre cette fatale aventure, il empruntera le pinceau mâle & vigoureux de Crébillon & de Shakespear ; s'il entreprend un poëme épique, il obtiendra pour sa tendre héroïne, les larmes & les suffrages du genre humain.

C'est une remarque bien bien digne de notre attention, que la plupart des hommes de génie se sont élevés au milieu de l'infortune & des orages; Homere & Milton furent aveugles & pauvres, Lucrece & le Tasse avoient des accès de folie; Platon peut-être seroit inconnu si on n'avoit empoisonné Socrate; Descartes né en France est mort dans les glaces de Stockolm, & le grand Corneille peu enrichi par le théatre qu'il avoit créé, persécuté par Richelieu & effacé par Racine, mourut peut-être sans soupçonner son génie & sa célébrité.

Il semble que les grands talens ne servent qu'au malheur de ceux qui les partagent ; comme si le génie avoit besoin d'être acheté ! comme si la nature vouloit consoler le vulgaire de la supériorité des grands hommes !

On peut ranger le génie en diverses classes ; je mets dans la premiere le Philosophe qui découvre dans le systême des êtres des vérités neuves & qui font époque dans l'histoire du genre humain ; tel est ce Newton qui a fait marcher sur de nouvelles roues la grande machine de l'univers.

Outre ce génie philosophique, il y en a un autre consacré aux ouvrages d'agrément & qui est fondé également sur des beautés de convention & sur les beautés invariables de la nature ; c'est dans ce sens que Tacite, Corneille & la Fontaine sont des hommes de génie.

Je voudrois encore diſtinguer le génie qui étincelle de tems en tems dans un ouvrage, d'un ouvrage de génie; il y a des traits de génie dans l'Hiſtoire de Florus, dans les Oraiſons Funébres de Boſſuet, dans les Opéras de Quinaut; mais Clariſſe, la Tragédie de Mahomet & l'Eſprit des Loix ſont des ouvrages de génie.

En général on diſtingue un homme de génie du reſte des hommes à talens, en ce que tout ce qu'il fait a un grand caractere; s'il s'éleve, il prend un grand eſſor; s'il tombe, il ne fait que de grandes chûtes.

Il ne faut pas cependant s'imaginer que le génie crée dans le même ſens que la nature; nous ne donnons pas l'exiſtence phyſique à nos idées; l'invention conſiſte à découvrir des rapports entre les vérités les plus éloignées, à faire des combinaiſons neuves

& à envisager les êtres sous des points de vue qui n'appartiennent qu'à soi ; le système de la gravitation n'est point né de lui-même dans le cerveau de Newton, mais ce Philosophe a saisi en homme de génie le rapport entre la chûte d'une pomme & la théorie de la lune, & cette découverte pour l'homme est une création.

Des métaphores ne sont point des définitions philosophiques & quand on dit qu'un homme de génie est inspiré, on prétend en faire un homme extraordinaire & non un Théosophe ou un Prophéte.

Cette vérité paroît dans les arts d'agrément avec encore plus d'évidence que dans la Philosophie ; quel est le grand Poëte qui s'est formé sans modele ? Sans Homere il n'y auroit point eu de Virgile ; Terence a fait Moliere ; Euripide, Racine ; Racine & Euripide, l'auteur d'Alzire, que nos descendans seront encore obligés d'imiter, quand ils voudront devenir des hommes de génie.

On auroit tort de conclure de ces principes que c'est à l'art qu'on doit le génie ; l'art le développe ; mais il ne le fait pas naître ; le Huron accoutumé à penser d'après lui-même pourroit peut-être se passer de cette ressource étrangere ; mais l'homme en société, que l'éducation vulgaire a fait dégénerer, a besoin de l'art pour remonter son esprit au ton de la nature.

DE L'AUTEUR DU HURON.

Au lieu d'examiner le développement de l'esprit humain dans le Huron, n'auroit-il pas mieux valu choisir pour mon héros le génie qui nous en a tracé l'Histoire ? il auroit suffi alors de décomposer ce grand homme pour trouver un modele aux hommes d'esprit, aux gens de goût, & peut-être aux grands génies.

Je ne dirai point que l'auteur de la Henriade a du bon sens ; qu'est-ce que le bon sens quand on rencontre le génie ?

Toutes les sortes d'esprit sont rassemblées dans les productions de cet écrivain immortel; il est tantôt Ovide & tantôt Chaulieu dans ses Poésies fugitives; il est Fontenelle dans ce qu'il a écrit sur les sciences, Montagne dans ses Mélanges, & Lucien dans ses Romans.

Personne n'a eu l'esprit aussi étendu; il a fait la Henriade, & des épigrammes, l'Histoire générale & le Voyage de Scarmentado, Mahomet & le pauvre Diable.

Personne sur-tout n'a eu l'esprit plus philosophique; il est Philosophe dans ses Tragédies, dans ses Histoires & dans ses Romans; il a porté la Philosophie jusques dans la Métaphysique où il est si difficile de la rencontrer.

Le goût a été particuliérement l'appanage de ce grand homme; il n'a point transposé les limites invariables des genres; il est pathétique, grave, majestueux, enjoué & sublime quand il le faut, & autant qu'il le faut; il a varié à l'infini ses caracteres, il ne fait point parler Henri IV, comme Charles

VII, & Candide comme Pierre-le-Grand; Sémiramis n'eſt point Aménaide; il n'y a que le titre de Héros qui réuniſſe Tancréde, Mahomet, Céſar & Oroſmane.

Pourquoi refuſeroit-on le titre d'homme de génie à l'écrivain qui a chanté Henri le Grand & Jeanne d'Arc, & qui a créé Alzire & Mahomet?

Hommes de bon ſens, hommes d'eſprit, hommes de goût, hommes de génie, liſez M. de Voltaire.

CHAPITRE VI.

DE L'AME,

En qualité d'Être qui veut.

Ce sujet qui a produit tant d'énormes volumes, dont le moindre défaut est d'être inutiles, se réduit pour la Philosophie de la Nature à deux questions : *l'Homme est libre. — L'Homme doit diriger son entendement à la vertu.*

L'article de la liberté doit être fort court, car il ne doit renfermer que ce que nous sçavons sur cette grande énigme de notre nature ; & celui de la vertu doit être encore plus précis, parce qu'elle est l'objet de l'ouvrage entier de la *Philosophie de la Nature.*

DIALOGUE
ENTRE LEIBNITZ ET CHARLES XII. (a)

LEIBNITZ.

Monsieur l'étranger, vous me paroissez singuliérement éclairé pour un militaire ; Platon même s'instruiroit avec vous.

(a) Charles XII revenoit de Turquie, sans argent, sans suite, & presque sans ressource ; mais toujours ferme dans ses anciens projets de conquêtes, & brûlant de detrôner une seconde fois le Roi Auguste, & d'assiéger Pierre-le-Grand dans S. Pétersbourg ; en passant par Léipsick, il vit le célébre Leibnitz, avec cette noble familiarité qu'un grand Roi doit avoir pour un grand Philosophe, & voici un de leurs entretiens.

CHARLES XII.

Je ne connois Platon, que parce qu'on vous appelle le Platon de l'Allemagne ; ma logique eſt la lumiere naturelle ; je ne m'amuſe à penſer que lorſque je n'ai point d'ennemis à combattre, & je n'ai lu de ma vie d'autre livre que Quinte-Curce (*a*).

LEIBNITZ.

Vous avez cela de commun avec un Héros bien fou, bien reſpectable, qu'on appelle Charles XII.

(*a*) L'Auteur immortel de la vie de Charles XII, dit que ce Prince prit pour ce livre un goût que le ſujet lui inſpiroit beaucoup plus encore que le ſtyle ; quelqu'un lui ayant demandé ce qu'il penſoit d'Alexandre : *je penſe*, répondit-il, *que je voudrois lui reſſembler* ; mais, lui dit-on, il n'a vêcu que trente-deux ans ; *Ah !* répondit-il : *n'eſt-ce pas aſſez quand on a conquis des Royaumes ?*

Charles XII.

Un Héros!... Monsieur Leibnitz, vous parlez à un Suédois.

Leibnitz.

Je parle à un homme qui pense librement ; vous êtes militaire, & je suis Philosophe ; c'est la liberté de penser qui nous rapproche l'un de l'autre ; au reste, si vous êtes Suédois, vous avez bien d'autres reproches à faire à Charles XII.

Charles XII.

Des reproches au Vainqueur de Narva, au Conquérant de la Pologne, au fléau......

Leibnitz.

Tous ces Alexandres, en vérité, sont d'étranges gens ; ils s'imaginent toujours que l'univers leur sçait gré de l'avoir dévasté ; ils ne sçavent pas

pas que leurs défaites font des crimes envers leur patrie, & leurs victoires des attentats contre le genre humain ; mais un Suédois ne fe borneroit pas à ces plaintes contre fon Roi ; il lui reprocheroit de réunir dans fes mains le glaive des Conquérans, & la verge flétriffante du defpotifme ; n'eft-ce pas Charles XII qui écrivoit à la Nobleffe de fes États ; que fi elle n'étoit pas tranquille dans fon efclavage, il lui enverroit fa botte pour la gouverner ? — Ah, Monfieur, une botte, pour gouverner des êtres qui penfent !

Charles XII.

Monfieur Leibnitz,.... Cette botte deftinée à faire trembler la Suede..... Vous la voyez.

Leibnitz.

Quoi ! vous tenez de ce Monarque.....

Charles XII.

Je suis Charles XII. — Je vous estime assez pour me faire connoître à vous, & même pour me justifier (*a*).

Leibnitz.

Ah Sire ! avec tant de grandeur d'ame, pourquoi n'êtes-vous pas le Héros d'un Peuple libre ?

Charles XII.

Leibnitz, je traite mes sujets suivant leur nature ; qu'est-ce que la liberté ? Y a-t-il jamais eu un homme libre ?

Leibnitz.

Sire, l'homme libre est l'homme

(*a*) Charles XII encourageoit la hardiesse de penser dans les personnes qu'il aimoit : il disoit quelquefois au Comte de Croissy : *Veni, maledicamus de Rege.* Allons disons un peu de mal de Charles XII, *Histoire de ce Prince*, page 342.

de la nature ; les loix n'ont été faites que pour protéger la liberté, & les Rois n'existent que pour protéger les Loix.

Charles XII.

Voilà une rêverie de tous les hommes de cabinet ; mais les hommes d'épée, qui font mouvoir le monde, sçavent tous que, qui dit un Roi, dit un Despote, & que les hommes ne sont point gouvernés par les loix, mais par le Canon.

Vos Philosophes appuyent la liberté politique sur ce qu'ils appellent la liberté naturelle : mais c'est une chimere fondée sur une autre chimere. La nature n'a point fait d'être libre ; nous obéissons tous nécessairement à l'impulsion d'un premier mobile ; je me figure souvent l'Univers, comme une montre supérieurement travaillée; Dieu en eft le reffort, les Rois en font les pivots, & le refte des hommes des roues fubalternes.

LEIBNITZ.

Je ne fçus jamais ni trahir la vérité, ni flatter les Rois, & voici ma réponfe.

Il eft auffi effentiel à l'homme de naître libre, que de naître avec une tête; il fe détermine parce qu'il a la faculté de penfer, & il eft libre, parce qu'il fe détermine.

Mes cheveux ont blanchi dans l'étude de la nature, & je n'ai pu encore me faire une idée d'une caufe aveugle; vous êtes furpris qu'il y ait dans l'Univers un feul être libre, & moi je m'étonne qu'il y ait un feul être néceffaire.

Votre Majefté veut-elle me permettre de lui faire une queftion?

CHARLES XII.

Leibnitz, votre respect m'offense; je ne suis point ici le Souverain de la Suéde, je ne suis que Charles XII; mais quand même je serois le maître de l'Allemagne......un Roi n'est qu'un homme dans le cabinet de Leibnitz.

LEIBNITZ.

Ah! je vois bien qu'un Roi tel que vous, est par-tout un grand homme; mais c'est en réfutant votre opinion que je veux mériter votre estime.—Sire, pensez-vous que l'homme soit un être intelligent?

CHARLES XII.

Oui, lorsqu'à Narva avec huit mille Suédois, je défaisois quatre-vingt mille Russes, & que dans Bender je soutenois avec quarante hommes, un siége contre deux armées, j'avoue que je je me suis cru digne de commander à des machines intelligentes.

LEIBNITZ.

Mais si vos Sujets sont intelligens, ils ne sçauroient être des machines; puisqu'ils ont un entendement, ils ont donc une volonté; ils peuvent donc préférer entre plusieurs manieres d'être, celle qui contribue le plus à leur félicité; la liberté est donc un appanage essentiel de la raison.

CHARLES XII.

La raison!.... voilà le mot; où est la chose? Sommes-nous les maîtres de résister à la force invincible qui captive notre entendement? Vous, Leibnitz, toutes les facultés de votre ame vous portent à penser; les miennes m'entraînent à combattre; vous mourrez en faisant des livres; moi, je périrai les armes à la main, malgré

Bender & Pultawa, malgré mes Sujets, mes ennemis, & tous les Rois.

LEIBNITZ.

Il est possible qu'il ne soit plus en notre pouvoir, vous, d'être Alexandre ; moi, de me traîner avec peine sur les pas de Platon ; mais nous ne cessons d'être libres en ce point, que parce que nous avons abusé de la liberté.

Il a été un tems ou toutes les facultés de notre ame étoient en équilibre ; ce tems a été fort court, mais il a existé ; la premiere fois que vous vîtes une épée, vous fîtes un raisonnement & vous choisîtes, parce que vous étiez libre ; votre pere vous parla des victoires du grand Gustave, & votre détermination s'affermit ; vous lûtes la vie d'Alexandre, & vous fûtes subjugué.

Dans la suite les fibres de votre entendement s'accoutumerent à n'avoir qu'une sorte de vibration, & dès-lors vous ne vîtes la gloire que sur un champ de bataille; les Rois voisins de la Suéde sembloient endormis sur leurs Trônes; vous osâtes les menacer, les combattre & les vaincre, & vous vous créâtes un caractere au dépens de votre liberté.

Si j'osois me citer après le Héros du Nord, je dirois que mon ame a suivi la même marche; j'étois libre lorsque je n'avois encore rien lu; Platon me tomba entre les mains & je préferai à l'inertie de l'opulence l'état sublime de Philosophe; je fis quelques foibles ouvrages qu'on daigna applaudir, & depuis ce moment le desir d'éclairer la terre est devenu aussi fort chez moi que chez vous la passion de la gouverner; mais si nous étions nés vous à Leipsik & moi sur le Trône de Stockolm, nous aurions probablement changé de rôle; Charles XII n'eût été que Leibnitz, & moi j'aurois tenté d'être Charles XII.

Charles XII.

Eh bien supposons que j'étois libre avant de voir une épée; mais étoit-il en mon pouvoir de continuer à l'être? Etois-je le maître de déterminer mes sensations, de voir ou de ne pas voir cette épée qui devoit me subjuguer?.

Leibnitz.

Ce n'est point l'action d'un objet extérieur sur vos organes, c'est la réaction de votre ame qui a subjugué votre liberté; dans le premier instant de cette réaction vous balançâtes la gloire active de l'épée avec le bonheur tranquille de la paix : le desir de devenir un Héros fut la raison suffisante (a) qui vous détermina, & dès-lors la Suéde pût se flatter d'avoir son Achille.

Les habitudes qui détruisent la liberté, ne forment point un argument contre son existence; Catilina auroit tort de dire qu'il n'a pu resister à l'ascendant qui l'entraînoit vers le crime, & le

---

(a) On voit dans ce Dialogue, que Leibnitz a soin d'éviter de parler des Monades, de l'harmonie préétablie, du principe des indiscernables & autres rêveries sublimes, que Charles XII n'étoit pas à portée d'entendre; cependant il lui échappe, malgré lui, des expressions, telles que *raison suffisante*, qui caractérisent toujours l'homme à système; quand un Philosophe crée de nouvelles idées, il forme une langue nouvelle, & bientôt c'est la seule qui lui devient familiere, parce qu'elle est son ouvrage.

Bonze à la force de l'opinion superstitieuse qui met la gloire dans le suicide ; l'ame n'a le pouvoir de se déterminer que dans le principe de l'habitude ; elle le perd toujours de plus en plus à mesure que cette habitude s'enracine ; le Romain & l'Indien ont abusés de leur liberté, & j'en conclus qu'ils ont été libres.

Au reste, il suffit de replier un instant son ame sur elle-même pour être convaincu que la liberté n'est pas une chimere ; je suis en repos ; que me manque-t-il pour me mettre en mouvement ? Je me mets en mouvement : que me manque-t-il pour retourner au repos ? Ce pouvoir d'agir est l'ame de toute la nature ; il existe dans tous les êtres sensibles ; l'huitre qui paroît bornée à un sens, mais qui ouvre ou ferme à son gré son écaille en jouit aussi-bien que l'habitant de Saturne à qui peut-être le Ciel a donné 72 organes.

Charles XII.

Et qu'importe à ma raison que j'aie la frivole puissance de marcher ou de m'asseoir, de cracher à droite ou à gauche, de me revêtir du manteau royal ou de cette grossiere redingotte ? Ce qui m'interesse, c'est de faire un bon usage de mon entendement, c'est de sçavoir apprétier la gloire, c'est de la mériter ; en un mot, puisque la nature m'a fait intelligent, je dois avoir une raison supérieure à celle de l'huitre.

Leibnitz.

Voila Sire, le point ou je desirois vous amener ; l'étendue de la liberté dépend du nombre des organes & de leur perfection ; car plus l'ame à d'occasions de connoître, plus elle exerce sa faculté de se déterminer ; à dix ans lorsque vos sens internes n'étoient pas encore développés, votre liberté sembloit se réduire aux mouvemens de la machine, par exemple, à vous promener à Upsal ou à rester à Stockolm, à manier un sabre ou à tirer des armes à feu ; aujourd'hui votre ame s'occupe de plus grands objets ; elle balance les destinées de l'Europe, elle décide peut-être en ce moment, s'il faut embraser le Nord ou donner des Loix à l'Allemagne ; ah Sire, si jamais votre liberté devenoit fatale à ma patrie !...

Charles XII.

Leibnitz, la patrie d'un homme tel que vous est le pays qu'il éclaire, & jamais un homme de génie ne manque de patrie. — Au reste, je ne suis point ici sur un champ de bataille, mais dans le cabinet d'un Philosophe; j'examine avec vous si je suis libre, & je ne pense point à faire usage de mon phantôme de liberté.

Oui, Leibnitz, vos raisonnemens m'étonnent, mais sans me convaincre; il me semble toujours que Dieu a enchaîné ma liberté; si j'agis, je ne suis qu'un agent nécessaire (*a*); en un

---

(*a*) C'est Collins, Auteur du fameux livre *de la liberté de penser*, qui a le premier réuni ces deux mots contradictoires; ce Philosophe a été combattu par Clarke, mais avec un fiel qu'on ne devoit pas attendre d'un disciple de Newton; il y a tant de bonnes raisons à donner à Collins, pourquoi lui dire des injures?

Les erreurs des Fatalistes ne viendroient-elles pas de n'avoir pas attaché un sens fixe au mot *nécessaire*? La nécessité morale, n'est point la nécessité physique, & encore moins la nécessité mathématique; le Pape

mot dans l'Univers un feul être eft cauſe, & tous les autres doivent être des effets.

LEIBNITZ.

Je ne vois pas, Sire, pourquoi la premiere cauſe ne nous permettroit pas d'être des cauſes ſubordonnées; vous êtes le Deſpote de la Suéde, mais vos Officiers ſont les deſpotes de leurs

---

ne ſe proménera point tout nud dans les rues de Rome, voilà la néceſſité morale; une roſe ne parviendra pas à la hauteur d'un cédre du Liban, voilà la néceſſité phyſique; le côté d'un quarré ne ſçauroit être auſſi long que ſa diagonale, voilà la néceſſité mathématique. La premiere néceſſité proprement n'en eſt pas une; le Pape qui ſe promene vêtu, parce qu'il n'eſt pas un inſenſé, ſent aſſez qu'il ne tient qu'à lui de ſe dépouiller de ſes habits pontificaux; la raiſon ne détruit pas la liberté, elle apprend à en faire uſage.

Régimens, & vos Soldats mêmes ont été plusieurs fois les despotes des Paysans Russes, Polonois ou Cosaques, chez qui ils campoient ; je vois dans la nature que presque tous les êtres sont des pivots autour desquels tournent quelques roues & deviennent en même-tems les roues d'autres pivots.

Je n'ignore cependant pas que le Métaphysicien le plus subtil ne sçauroit accorder la liberté de l'homme avec la préscience de Dieu : cet accord existe, mais nous manquons d'idées pour l'entrevoir, & de termes pour l'exprimer. Toutes les fois que nous avons occasion de parler des attributs de la Divinité, nous nous trouvons dans une mer inconnue, sans Pilote, sans Carte & sans Boussole.

Le système qui fait de Dieu l'agent universel offre trop d'absurdités à dévorer; si Dieu me force à faire le mal, il cesse d'être bon; s'il me force à faire le bien, je cesse d'être vertueux.

Votre Majesté connoît sur-tout quels reproches amers l'homme auroit à faire à l'Être suprême, s'il étoit l'auteur du mal; je suppose que dans la plaine de Pultawa, le coup de carabine qui vous blessa si dangereusement, fût parti de la main d'un de vos propres soldats: c'est bien assez que Dieu eût chargé l'instrument meurtrier, qu'il eût allumé le nître, qu'il eût lancé le globe, qu'il eût divisé les chairs de votre jambe, brisé votre tibia, & fait éprouver à vos fibres toutes les palpitations de la douleur; penseriez-vous encore qu'il eût placé le crime le plus attroce dans le cœur d'un de vos sujets, & forcé un guerrier de Charles XII à être un régicide.

DE LA NATURE. 397

Continuons l'examen de l'hypothefe : fi ce monftre n'eft qu'un inftrument dans la main de l'Être des êtres, comment oferiez-vous le punir ? toutes les loix humaines ne font alors que des attentats contre la nature, & le Sénat de Stockolm, qui feroit écarteler votre affaffin, feroit auffi extravagant que Xerxès, qui faifoit battre de verges le Pont-Euxin.

Dieu même feroit le plus barbare des tyrans, s'il puniffoit les crimes qu'il fait commettre (*a*); puifque

---

(*a*) On peut appliquer au fyftême de la fatalité, la comparaifon ingénieufe du P. Malebranche, fur la prémotion phyfique. — Un ouvrier a fait une ftatue, dont la tête qui peut fe mouvoir par une charniere, s'incline refpectueufement devant lui, pourvu qu'il tire un cordon ; toutes les fois qu'il le tire, il eft fort content des hommages de fa ftatue ; mais un jour qu'il ne

le crime eſt ſur la terre, il ne peut m'empêcher d'être libre, ſans ceſſer d'être Dieu.

Je ne ſçais ſi je me trompe; mais le dogme de la néceſſité ne conduit qu'à des conſéquences atroces; il reſſemble à ces Cyprès qu'on voyoit autour de quelques Temples de la Grèce, & qui ne donnoient jamais à ceux qui les conſultoient, que des Oracles de mort.

Charles XII.

Leibnitz, vous calomniez le dog-

---

le tire point, elle ne le ſalue pas, & il la briſe de dépit; cet ouvrier eſt-il bon ? eſt-il ſeulement juſte? — Voyez l'ouvrage du P. Malebranche, qui a pour titre *Réflexions ſur la Prémotion phyſique. Edit. de* 1715. Il y a peut-être autant de Philoſophie dans cette comparaiſon, que dans le livre immenſe, *de l'Action de Dieu ſur les créatures.*

me de la nécessité ; loin d'anéantir l'ame, il apprend à braver la mort ; tous les Héros de Rome étoient fatalistes ; ces braves Musulmans qui ont été sur le point d'engloutir la terre le sont encore ; il n'y a de lâches que ces hommes prudens qui s'imaginent vaincre leur destinée. — J'ai regardé vingt fois autour de moi, & je me suis toujours étonné de ce que les Monarchies modernes subsistoient encore ; donnez-moi une armée de dix mille Fatalistes, & avant quatre ans j'ose conquérir l'Europe.

Leibnitz.

Et voilà justement, Sire, ce qui me rend votre système suspect ; la nature ne dicte point aux hommes de braver la mort : s'il y a encore des êtres intelligens, c'est qu'ils ne luttent point contre le penchant primitif qui les porte à se conserver : la guerre est un art de notre invention, & ses Héros sont ceux des hommes, & non ceux de la nature.

Rome que vous citez, a eu une foule d'hommes célébres, & un petit nombre de grands hommes ; par exemple, ceux qui n'ont été que guerriers, n'ont été que célébres ; Rome gouvernée par des Conquérans, sembloit n'aspirer qu'à faire du fracas ; mais Rome gouvernée par Marc-Aurele, est devenue le modéle de toute la terre.

Pour les Califes qui conquéroient pour détruire, qui réunissoient à une religion meurtriere un gouvernement atroce, & qui faisoient brûler dans le même bûcher les hommes & les livres ; je ne vois de comparable au crime de les imiter, que celui d'en faire l'éloge.

Pardon, Sire, si je m'emporte contre cet art de la guerre, que vous chérissez avec enthousiasme; mais vous avez si peu besoin de la gloire militaire pour être un grand Roi! on admire en vous la sobriété de Scipion, la générosité de César, & la grande ame de Trajan; faites servir tant de qualités au bonheur des hommes; la Suéde est assez vengée des attentats de trois Rois; laissez respirer le Nord que votre valeur fait gémir depuis tant d'années; osez devenir le pere de votre peuple; vous avez consacré la moitié de votre vie à étonner le monde par vos vertus terribles; consacrez-en le reste à les faire oublier.

Charles XII.

Leibnitz, votre courage redouble mon estime pour vous; vous jouez votre rôle de Philosophe, avec une supériorité dont je n'avois aucune idée ; adieu, je vais jouer le mien au siége de Frédericshall. — Je voudrois être Leibnitz, si je n'étois pas Charles XII.

PRIERE

A LA VERTU.

Toi qui subsistes malgré le blasphême de Brutus, & les attentats de l'hypocrisie, appanage sublime de la liberté des intelligences, ô Vertu! veux-tu faire le bonheur de la terre, inspire également ceux qui la gouvernent & ceux qui l'éclairent; dirige la volonté des Rois & celle des Philosophes.

Montre-toi aux hommes sans voile & sans nuage; car, jouets sans cesse de leur imagination, ils te revêtent d'ornemens bizarres, & s'accoutument ensuite à n'adorer en toi, que ce qui n'est pas toi.

Apprends aux Defpotes, qu'il n'y a point de vertu fans liberté; au Citoyen, qu'obéir aux loix, c'eft obéir à foi-même; à l'homme fuperftitieux, que la piété ne confifte pas dans le fuicide; & au Philofophe, qu'il doit étudier les loix de la nature dans fon cœur & non dans les livres.

Déchire fur-tout le triple bandeau qui fafcine dans le peuple l'œil de l'entendement; qu'il admire moins ce qu'il ne conçoit pas; qu'il ceffe de s'indigner du progrès de la raifon; & qu'il honore davantage la probité des hommes obfcurs, que les vices brillans des hommes en place.

O Vertu! tous les êtres s'anéantiffent devant toi; toi feule, tu nous tiens lieu de tous les biens donnés par la nature, ou créés par l'opinion; tu existes, & le mal n'est plus sur la terre.

Puisse-tu diriger avec le même succès, mon entendement & ma volonté; car toutes les puissances de l'ame, te sont également assujetties; lorsque je t'étudie, tu me parois une grande idée, & lorsque je te pratique, tu n'es plus qu'un grand sentiment.

Je reconnoîtrai ta douce influence, lorsque je me plairai avec mon ame; lorsque l'amour de l'ordre s'élevera en moi au dégré de la passion; lorsque je sentirai que la nature a imprimé en moi un grand caractere, & que j'oserai achever son ouvrage.

C'est alors que j'attendrai sans murmure & sans empressement, que la mort vienne me frapper; si le Ciel prolonge ma carriere, je souffrirai avec tranquillité, & peut-être avec reconnoissance : si je péris avant le tems, qu'aurai-je à redouter ? C'est la vertu elle-même qui me remettra dans le sein de la nature.

Fin du Tome III.

TABLES
DES CHAPITRES
Pour les Tomes II & III.

TABLE
DU TOME SECOND.

SUITE DU LIVRE II.

CHAPITRE VI. *Du Fanatifme.* p. 1
ARTICLE I. *Des victimes humaines* 15
ART. II. *Des meurtres ordonnés par les hommes.* 24
ART. III. *Des meurtres ordonnés par les loix.* 30

TABLE

Art. IV. *Des massacres.* 34
Établissement du Mahometisme. 37
Croisades. 40
Établissement du Christianisme dans les Indes. 47
Massacre des Protestans. 52
Massacre d'Irlande. 59

Art. V. *Conspiration générale contre les Juifs.* 63
Tableau des désastres que les Juifs ont essuyés dans ce Continent. 71

- I. *Dans l'empire Romain.* 72
- II. *Sous les Califes.* 76
- III. *En Allemagne.* 77
- IV. *En Italie.* 83
- V. *En Espagne.* 87
- VI. *En Angleterre.* 93
- VII. *En France.* 98
- VIII. *En Perse.* 103

Lettre

Lettre circulaire du Rabbin David-Ben-Anrou, Prince de la captivité, aux Souverains des deux Mondes. 106

Art. VI. *De l'Inquisition.* 123

Chap. VII. *Réflexion philosophique & naturelle sur la Philosophie qui ne consiste qu'à détruire.* 137

LIVRE TROISIÉME.
DE L'HOMME
CONSIDÉRÉ EN LUI-MÊME.

Introduction. 151

CHAPITRE PRÉLIMINAIRE. *Sur le Bonheur.* 162

Art. I. *Du Plaisir.* 166

Art. II. *De la sensibilité.* 171

Art. III. *D'un Paradoxe du Livre de l'Esprit.* 182

Art. IV. *Songe de Marc-Auréle.* 188

I. PARTIE DU LIVRE III,
DE L'AME.

Introduction. 211
CHAP. I. *Théorie générale de l'Ame*, 224

Art. I. *De ce que nous connoiſſons en Pſycologie.* 228
    L'Ame exiſte. 229
    L'Ame eſt un être ſimple. 234
    L'Ame eſt un être actif. 252
    L'Ame eſt libre par la penſée. 255

Art. II. *De ce que nous ignorons en Pſycologie, Pneumatologie, Ontologie, &c.* 258

CHAP. II. *Hiſtoire de l'Ame.* 282
CHAP. III. *De l'Immortalité de l'Ame.* 308

Art. I. *Idées ſaines ſur l'immortalité de l'Ame.* 309

DES CHAPITRES, &c.

ART. II. *Démonstration de l'Immortalité de l'Ame, ou Histoire de Jenny Lisle.* 317

ART. III. *Réflexion sur l'Histoire de Jenny.* 352

Du système que tout est mal. 356

De l'opinion que la quantité du mal est nécessairement égale à celle du bien. 358

De l'Optimisme. 370

CHAP. IV. *De l'Ame, en qualité d'être qui sent.* 374

ART. I. *De trois Statues.* 381

   De la Statue de M. Buffon. 392

   De la Statue de M. Bonnet. 409

   De la Statue de M. de Condillac. 430

ART. II. *Si l'homme est dans la nature le seul être sensible.* 459

Aventure arrivée à Pythagore. 464

Fragment des vers dorés. 515

Remarques. 527

TABLE

TABLE
DES CHAPITRES
Pour le Tome troisiéme.

SUITE DU LIVRE III.
ET DU CHAPITRE IV.

ARTICLE III. *Des Sens.*   page 1

Des Sens externes.   4

   I. *Le Tact.*   ibid.

  II. *L'Odorat.*   11

 III. *Le Goût.*   15

 IV. *L'Ouïe.*   18

  V. *La Vue.*   22

 VI. *Conversation entre un Parisien & un Caraïbe.*   27

De la Mémoire.   40

De la faculté d'imaginer.   51

DES CHAPITRES, &c. 413

Du Caractere.	83
Des Habitules.	92
Essai sur les Passions.	100
Section I. Idées générales.	101
Sect. II. Du méchanisme des Passions.	109
Sect. III. De la génération des Passions.	111
Sect. IV. De l'Amour, principe du monde physique.	121
Sect. V. De l'Ambition, principe du monde moral.	130
Sect. VI. De l'Oisiveté.	137
Sect. VII. Des Passions douces.	148
Sect. VIII. Des Passions violentes.	152
Sect. IX. De la Passion dominante.	156
Sect. X. Lettres posthumes de Fontenelle & du Docteur Young.	160
Lettre I. Fontenelle au Docteur Young.	165
Lettre II. Le Docteur Young à Fontenelle.	167

TABLE

Lettre III. Fontenelle au Docteur Young. 172

Lettre IV. Le Docteur Young à Fontenelle. 176

Lettre V. Fontenelle au Docteur Young. 182

Lettre VI. Le Docteur Young à Fontenelle. 183

CHAP. V. *De l'Ame en qualité d'être qui pense.* 187

ART. I. *De la Raison.* 191

Connoissances générales. 195

D'un blasphême contre la Raison. 203

Drame raisonnable en un Acte, avec des Commentaires. 211

Dernier Commentaire sur le Drame raisonnable. 251

Principes d'une nouvelle Logique. 265

I. *Premiere Partie.* 269

II. *Seconde Partie.* 274

III. *Troisiéme Partie.* 282

IV. *Quatriéme Partie.* 292
Des Théosophes. 299
Du Philosophe. 308
Art. II. *Le Huron, ou de la génération des modes de l'Esprit humain.* 313
Du bon Sens. 318
De l'Esprit. 322
  I. *L'Esprit juste.* 323
  II. *L'Esprit vif.* 326
  III. *L'Esprit lumineux.* 328
  IV. *L'Esprit étendu.* 330
  V. *L'Esprit profond.* 333
  VI. *L'Esprit philosophique.* 335
  VII. *Le bel Esprit.* 338
Du Goût. 342
  I. *L'imagination.* 345
  II. *La Finesse.* 355
  III. *Le Sentiment.* 359
Du Génie. 366
De l'Auteur du Huron. 373

CHAP. VI. *De l'Ame en qualité d'être qui veut.* 376

Dialogue entre Leibnitz & Charles XII. 377

Priere à la Vertu. 403

Fin de la Table des Chapitres.

TABLE
DES MATIERES
CONTENUES

Dans les deux derniers Volumes de la Philofophie de la Nature.

Nª *Le Chiffre Romain indique le Tome, & le Chiffre Arabe la page.*

A

ABRABANEL, cité II, *pag.* 88 (note *b*)
ADRIEN, le Nabuchodonofor des Juifs,
      II, 74 (note)
ALBERT, cité, II, 100 (note)
ALBINOS, fon portrait III, 212, perfonnage du Drame raifonnable, *ibid.* 216
ALDROVANDE, cité, II, 241 (note)

ALLEMAGNE, perfécute les Juifs, II, 77
AMBITION, confidérée comme principe du monde moral, III, 130; elle habite chez tous les hommes, *ibid.* 131; de celle qui confifte à acquérir des biens de préjugé, *ibid.* 132; des conquêtes, *ibid.* de la bienfaifance, *ibid.* 133; de la gloire littéraire *ibid.* de l'envie de primer dans le monde, *ibid.* 134; de l'amour des richeffes, *ibid.* 135
AME, Effai fur l'ame, II, 211; paradoxe des Anciens fur l'ame univerfelle, *ibid.* 212; idée de Timée, *ibid.* 214; de Zenon *ibid.* 217; d'Ariftote, *ibid.* 218; de Defcartes, *ibid.* 221; de Leibnitz, *ibid.* 222; théorie générale de l'ame, *ibid.* 224; l'ame exifte, *ibid.* 229; l'ame eft un être fimple, *ibid.* 234; l'ame matérielle eft une contradiction, *ibid.* 241; Réfutation du matérialifme, *ibid.* 242; unité de l'ame difficile à prouver, *ibid.* 244; l'ame eft un être actif, *ibid.* 252; l'ame eft libre par la penfée, *ibid.* 253; doutes fur l'ame, *ibid.* 258; définition ridicule de l'ame donnée par les Philofophes, *ibid.* 265; idée de Locke fur fon

essence, *ibid.* 168 ; de la génération des ames , *ibid.* méchanisme de l'union des esprits & des corps , *ibid.* 270 ; de la nature de l'ame, *ibid.* 272 ; de sa liberté, *ibid.* 275 ; du siége où elle réside *ibid.* 277 ; de sa destinée future , *ibid.* 278 ; Histoire de l'ame, depuis sa résidence dans le Fœtus , jusqu'à la destruction de la machine , *ibid.* 281 ; de l'ame dans l'Embryon, *ibid.* 289 ; de son développement à la naissance, *ibid.* 290 ; origine de la pensée , *ibid.* 292 ; du crépuscule de l'entendement, *ibid.* 293 ; naissance de toutes ses facultés, *ibid.* 294 ; de la parole , *ibid.* 295 ; de l'écriture , *ibid.* 298 ; perfection de l'intelligence , *ibid* 300 ; parallèle des âges, *ibid.* 301 & 306 ; des signes des passions, *ibid.* 302 ; dépérissement de l'ame, *ib.* 305 ; de l'immortalité de l'ame, *ibid.*308 ; idées saines sur ce sujet *ib.* 309 ; argumens métaphysiques & autres, *ib.* 311 ; demonstration de cette vérité, *ib.* 317 ; réflexion philosophique sur l'Histoire de Jenny, *ib.* 352 ; de l'ame en qualité d'être qui sent, *ibid.* 374 ; de l'ame en qualité d'être qui penfe, III, 187; de l'ame en qualité d'être qui veut, *ibid.* 376, Dialogue entre Leibnitz & Charles XII, *ibid.* 377

AMÉRICAINS, leur défefpoir lors de la conquête du nouveau monde, II, 49

AMOUR, confidéré comme principe du monde phyfique, III, 121 : délire de ceux qui ont voulu dégrader cette paffion, *ibid.* 122; le caractere ordinairement fait naître ce fentiment, *ibid.* 123; deux objets dans cette paffion *ibid.* de l'amour Platonique, *ibid.* 124; d'un blafphême fur l'amour phyfique, *ibid.* 125; de la galanterie, *ibid.* de la force de l'amour dans la jeuneffe, *ibid.* 126; de l'éducation nationale fur l'amour, *ibid.* 127; des femmes, *ibid.* 128; moyen d'épurer l'amour. *ibid.*

AMOUR DE SOI, II, 153 & 159; III, 112.

ANACARDE, l'acajou des Indes, de fa propriété finguliere, II, 497 (note)

ANALYSE, fa définition, III, 282, eft plus faite pour l'homme que la fynthefe, *ibid.* 284; eft la bafe de la Logique, *ibid.* 285

ANAXAGORE, fa définition de l'ame, II, 165

DES MATIERES.

ANGLETERRE, persécute les Juifs, II, 93
APATHIE, n'est pas faite pour l'homme, II, 175; paradoxe de Zénon, ibid. 176; sa réfutation, ib. 177; critique de l'insensibilité physique, ibid. & de l'insensibilité morale, ibid. 179
ARCHIMEDE, idée sur ce grand homme, II, 304
ARISTOTE, son idée sur l'ame, II, 218 & 2 5
ATHÉISME, suppose une ame triste & glacée, II, 146
ATHENES, ses Archontes n'étoient point fanatiques, II, 4
AURENGZEB, parole mémorable de ce Prince, III, 141
AUTO-DA-FÉ, sa description, II, 128

B.

BACON, trait de ce grand homme, II, 139; (note) passage de ce Philosophe, sur la duplicité de l'ame, ibid 248 (note)
BARBOT, cité sur un usage Négre. II, 310 (note)
BARCHOCHEBAS, suites de sa révolte, II, 73

BASNAGE cité, II, 79 (note). *ibid.* 80 (note *b*). *ibid.* 90 (note). *ibid.* 98 (note). *ibid.* 105 (note)

BATTEUX, (l'Abbé) cité, II, 200 (note). explication qu'il donne du systême harmonique des anciens fur les premieres caufes, *ibid.* 215 (note)

BECCARIA (le Marquis), paradoxe de l'Ouvrage des délits & des peines fur l'oifiveté politique, III, 139 (note). fa réfutation, *ibid.*

BERNARD L'HERMITTE, efpece de Langoufte, étymologie de fon nom, II, 491 (note)

BÊTES, de leur ame, III, 251, paradoxe de Defcartes fur ce fujet, *ibid.* (note). traits fur la fenfibilité des animaux, *ibid.* 252; pourquoi on n'adopte pas le terme d'inftinct? *ibid.* 253; idée finguliere des anciens fur l'ame des bêtes, *ibid.* 255; idée du P. Bougeant, *ibid.* paradoxe du Miniftre Boullier, *ibid.* 256, & note (*b*) abfurdité des idées naturelles fur l'ame des bêtes, *ibid.* 261; des différences effentielles entre la raifon de l'homme & celle des animaux, *ibid.* 262, 264, &c. les ames des bêtes font-elles mortelles? *ib.* 266; résumé de notre théorie sur ce sujet, *ibid.* 268

BOEHM (Jacques), Théosophe, III, 306

BOERHAAVE, son idée sur l'origine de l'ame, II, 277

BOLINGBROKE, son paradoxe sur l'immortalité de l'ame, II, 313

BOMBARDIER, caractere de cet insecte, II, 480 & note

BONHEUR, sa définition, II, 162; du bonheur physique, *ibid.* 163; du bonheur pour l'homme, *ibid.* 164; du plaisir qui le procure, *ibid.* 166; de la sensibilité qui en fait jouir, *ibid.* 171; est-on heureux quand on est insensible? *ibid.* 174

BONNET, de sa Statue philosophique, II, 409; jugement sur son *Essai analytique*, *ibid* 427; singularité de ce Philosophe & son éloge, *ibid.* depuis 409, jusqu'à 429; ce qu'il pense sur l'ame des bêtes, III, 259 (note).

BONTÉ, sa définition & ses diverses espéces, II, 156

BORGIA, sa devise, II, 184 (note). son discours au Pape Jules II, *ibid.* 184

BOUGEANT (le Pere), son paradoxe sur l'ame des bêtes, III, 155

BOULLIER (le Ministre), de son automne sentant, III, 256; réfutation, ibid. ...; contradictions de cet Auteur, ibid. 256 (note *b*)

BOURSIER cité, II, 275
BRUCKER cité, II, 200 (note)
BUFFON (M. de), son idée sur la duplicité de l'ame, II, 245 (note). cité, *ibid.* 289 de sa statue, *ibid.* 392; jugement sur ce fragment philosophique, *ibid.* 398; critique détaillée de ce morceau de l'Histoire naturelle, *ibid.* 399; éloge de ce Philosophe, *ibid.* 407 & 8; son paradoxe, sur l'amour physique; III, 125
BURNET cité, II, 54 (note)

C

CABALE, des Philosophes mêmes n'en font pas exempts, II, 139
CALIFES perséutent les Juifs, II, 76
CAME, coquillage bivalve, connu sous plusieurs noms ridicules, II, 489 (note)
CALMET cité, II, 107 (note)
CARACTERE, sa définition, III, 83; diversité des caracteres, *ibid.* 84; des hom-

mes fans caractere *ibid.* loi de Solon contre eux, *ibid.* 85 ; ils font les feuls qui réuffiffent dans la fociété, *ibid.* difficulté d'étudier les caracteres, *ibid.* 87 ; abus des mots qui empêche de les définir. *ibid.* 89 ; unique moyen de les dévoiler, *ibid.* 156

CARAÏBE, fa converfation avec un Parifien, III, 27

CARTHAGE, fon fanatifme, II, 20

CASAS (Barthelemi de Las), fon éloge, II, 49, bonté de fa caufe, *ibid.* 50 (note)

CATON croit, que nier l'immortalité de l'ame, c'eft être mauvais citoyen, II, 313

CEDRENE cité, II, 75 (note c).

CESAR, fes commentaires cités, II, 18 (note). fon difcours à Marc-Aurele, *ibid.*, 195 ; il penfoit que l'ame eft mortelle, *ibid.* 313

CHARLES XII, fon entretien avec Leibnitz fur la liberté, III, 377 ; fon goût pour Quinte-Curce, *ibid.* 378 ; fon defpotifme, *ibid.* 380 ; il encourage dans fes amis la hardieffe de penfer, *ibid.* 381

CHARLE-QUINT, Édit fanatique de ce Prince, II, 54

CHRISTIANISME, fon établiſſement dans les Indes fatal à l'humanité, II, 47

CICÉRON cité, II, 313 (note)

CONCILE de Laodicée, d'un de ſes Canons, II, 31 (note *a*)

CONDAMINE (M. de la) cité, III, 279 (note *b*)

CONDILLAC (l'Abbé de), ſon idée admirable ſur l'origine de nos facultés intellectuelles, II, 391, de ſa ſtatue philoſophique, *ibid.* 430; analyſe de ſon traité des ſenſations, *ibid.* ſa définition de l'imagination, III, 52; ſon traité des animaux cité, III, 94 (note *a*). ſon Eſſai ſur les connoiſſances humaines, cité, *ibid.* 279 (note *b*); de ſa ſtatue, *ibid.* 430; ce Philoſophe après avoir examiné les ſenſations de Pandore, étudie la génération de ſes idées, *ibid.* 435; ſon idée ſur la durée, *ibid.* 436 (note); il n'apprend point à ſa ſtatue à aimer, *ibid.* 457; jugement ſur cet ouvrage philoſophique, *ibid.* 458

CONSTANS, ſa loi contre les Juifs, II, 75

CONSTANTIN, loi de ce Prince contre les Juifs, II, 75
CORNEILLE cité, II, 303
CORTEZ, trait sur ce Conquérant, II, 22 (note)
CROISADES, idées philosophiques qu'elles font naître; II, 40; persécutions que les croisés font subir aux Juifs, II, 77 & 88
CROMWEL, en quoi consiste son éloquence, III, 59 & note
CRUSIUS cité, II, 109 (note)
CUCUJU, utilité de cet insecte dans les Indes, II, 478 (note)
CYRUS, n'étoit point fanatique, II, 4

D

DACHERY cité, II, 94 (note)
DALEMBERT (M.), de sa table nuancée des idées abstraites, III, 296 (note) éloge de ce Philosophe, *ibid.* 297 (note)
D'ARGENTRÉ cité, II, 111 (note)
DAVID-BEN-ANROU, sa lettre à tous les Souverains, II, 106
DELLON cité, II, 128 (note *)

DEMIURGOS, son discours à Marc-Aurele, II, 209
DÉMOCRITE, son idée sur l'ame, II, 265
DÉMONOMANIE, événement singulier arrivé sur ce sujet à Paris en 1757, III, on y pourroit persécuter les Démonomanes, s'ils avoient plus de célébrité, *ibid.* 82
DESCARTES, un de ses paradoxes, II, 262; son idée sur l'ame, *ibid.* 266; son erreur sur le siége de l'ame, *ibid.* 277; sur l'origine de nos connoissances, *ibid.* 376; sur l'ame des bêtes, *ibid.* 251 (note)
DICÉARQUE, sa définition de l'ame, II, 265
DIDEROT (M.), éloge de ce Philosophe, II, 385; cité, *ibid.* (note). son imitation de Shaftesbury citée, III, 119
DIEU ne raisonne ni par analyse, ni par synthese, III, 283
DIGBY (le Chevalier), trait qu'il rapporte sur un enfant sauvage, III, 12 (note)
DION cité, II, 73, (note)
D'OLIVET (l'Abbé), idées sur les ob-

DES MATIERES.

servations qu'il a faites sur les Tragédies de Racine, III, 353 (note)
DRAME RAISONNABLE en un Acte, avec
des commentaires, III, 211; observation préliminaire, *ibid.* personnages,
ibid. 216; Drame, *ibid.* 217; Scene I,
monologue de Newton, *ibid.* Scene
II, l'Huitre & l'homme-Marin, *ibid.*
220; Scene III, l'Huitre; l'Homme-
Marin & l'Albinos, *ibid.* 233; Scene
IV, Newton, l'Albinos, l'Huitre &
l'Homme-Marin, *ibid.* 239; dernier
Commentaire sur le Drame raisonnable,
ibid. 244

DUCERCEAU (le Pere) cité, II, 32 (n. *b*)
DUCHÊNE cité, II, 45 (note)
DUPLEIX cité, II, 175 (note)

E

ECLAIRCISSEMENS sur divers endroits
de cet Ouvrage, & sur l'esprit dans lequel il est composé, III, j; sur la fatalité, *ibid.* ix; sur le danger des idées
philosophiques, par rapport à l'essence
de Dieu, *ibid.* sur le culte, *ibid.* x;
sur un dialogue de Socrate & de Wol-

mar, *ibid.* xij ; fur un entretien de Socrate & de Pafcal, *ibid.* xiij ; fur le chriftianifme, *ibid.* & xiv ; fur un chapitre de deux lignes, *ibid.* xv ; fur Lactance, *ibid.* fur la fuperftition, *ibid.* xvj ; fur les Moines, *ibid.* xvij ; fur les faux miracles, *ibid.* fur les cérémonies, *ibid.* fur les Légiflateurs, *ibid.* xviij, fur le Clergé, *ibid.* fur la Tolérance, *ibid.* xix ; fur les perfécutions contre les Proteftans ; *ibid.* xx ; fur une apologie des juifs, xxiv; fur les doutes que fait naître la Pfychologie, *ibid.*

EGYPTE, coutume obfervée dans ce pays, II, 16 (note)

ÉLÉPHANT-BLANC, fon culte dans les Indes, II, 467; il converfe avec Pythagore, *ibid.* des trois fortes d'éléphans, *ibid.* 470 (note) ; des qualités de l'éléphant, *ibid.* 471 (note)

ELIEN cité, fur les éléphans, II, 472 (note)

ENLUMINEURES, Pafcal en a fait l'éloge, II, 140

EPICTETE, jugement fur ce Philofophe, II, 207 (note)

DES MATIERES.

EPICURE, du systême de ce Philosophe sur le bonheur, II, 190 & 191 (note); son idée sur l'ame, *ibid.* 265; il en nie l'immortalité, *ibid.* 309; réfutation de ses dogmes *ibid.* 193 & note; son épitaphe, *ibid.* 197

ESPAGNE, persécute les Juifs, II, 87

ESPRIT, de la génération de ses modes, III, 313; tous les hommes bien organisés ont le même fond d'intelligence, *ibid.* l'esprit ne consiste que dans la liaison des idées, & il n'acquiert de l'étendue qu'en saisissant des rapports plus éloignés, *ibid.* 316; division des modes de l'esprit humain; du bon sens, *ibid.* 318; il suppose l'absence des passions fortes, *ibid.* 319; tout sauvage & tout homme stupide a du bon sens, *ibid.* 320; où finit le bon sens, l'esprit commence, *ibid.* 322, de l'esprit juste, *ibid.* 123; il ne faut pas y attacher un grand mérite, *ibid.* 325; exemples, *ibid.* quand la justesse de l'esprit devient une qualité sublime de l'entendement, *ibid.* 326; de l'esprit vif, *ibid.* il est souvent l'appanage d'un sot, *ibid.* 327; de l'esprit lumineux, *ibid.* 328; les hommes de génie sont rarement lumineux, *ibid.* 329; de l'esprit étendu, *ibid.* 330; la plupart des esprits étendus, ont été universels, *ibid.* de l'esprit profond, *ibid.* 333; décadence dans les arts vient du peu de profondeur dans les connoissances, *ibid.* 334; de l'esprit philosophique, *ibid.* 335; on le confond à tort avec l'esprit fort, *ibid.* 336; définition de l'esprit fort, *ibid.* du bel esprit, *ibid.* 338; intervalle entre l'homme d'esprit & le bel esprit, *ibid.* 339; le bel esprit de l'Huronie peut être le germe de celui du siécle de Louis XIV, *ibid.* 341; du goût, *ibid.* 342; du génie, *ibid.* 366; d'un homme qui a rassemblé toutes les sortes d'esprits, *ibid.* 373

ESPRIT DES LOIX, fragment de cet ouvrage, II, 66 (note)
EUSEBE, sa préparation évangélique citée, II, 15, (note *a*), & 19 (note *a*)
EUTYCHES cité, II, 75 (note *a*)

F

FANATISME, sa définition, II, 1; caractere du fanatisme, *ibid*. 2, les Anciens étoient-ils fanatiques ? *ibid*. 3 ; dilemme contre le fanatisme, *ibid*. 6 & 7; le fanatisme fait d'un homme le fléau du genre humain, *ibid*. 8; sourdes persécutions qu'il cause, *ibid*. 9 (note); différens tableaux du fanatisme ; des victimes humaines, *ibid*. 15; des meurtres ordonnés par les hommes, *ibid*. 24; des meurtres ordonnés par les loix, *ibid*. 30; des massacres, *ibid*. 34; réflexions sur le fanatisme, II, 136

FINESSE, une des bases du goût, III, 355; sa définition, *ibid*. 356; elle ne doit point être confondue avec la délicatesse, *ibid*. 357; exemple des abus de la finesse, *ibid*. 358; de Marivaux & de la Société du Temple, *ibid*.

FLECHIER, écrit sur le fanatisme, II, 35, (note)

FERDINAND, par quelles actions il mérite le titre de Roi Catholique, II, 91

TABLE

FŒTUS INTELLIGENT, son existence, II, 184; son développement, *ibid.* 285

FOHI, étoit-il fanatique ? II, 4

FONTENELLE cité, II, 371 (note); il oublie à 96 ans un livre qu'il a composé à 70; III, 45; ses lettres posthumes, *ibid.* 160; caractere de ce Philosophe, *ibid.* son insensibilité morale, *ibid.* 161 (note); premiere lettre de ce grand homme au Docteur Young, *ibid.* 165; seconde lettre, *ibid.* 172; troisiéme lettre, *ibid.* 181

FORBES cité, II, 116 (note)

FRANCE, persécute les Juifs, II, 98; vœux d'un François sur ce peuple, *ibid.* 102

FRAPAOLO cité, II, 55 (note)

FRERET, son caractere, II, 147; cité, III, 277 (note)

G

GAVIN, cité, II, 135 (note)

GÉNIE, les hommes de génie se sont élevés au milieu de l'infortune & des orages, III, 368; exemples, *ibid.* réflexions, 369; premier ordre des hommes de génie, *ibid.* de celui qui est consacré aux ouvrages d'agrément, *ibid.* il faut distinguer un ouvrage qui étincelle de traits de génie, d'un ouvrage de génie, *ibid.* 370; le génie ne crée pas dans le même sens que la nature; *ibid.* dans quel sens on peut dire qu'un homme de génie est inspiré, *ibid.* 371

GOUT, méchanisme de cet organe, III, 15, le sens peut être nécessaire à l'homme, *ibid.* 16; maniere sage d'en jouir, *ibid.* 18

GOUT; (modification de l'esprit), sa définition, III, 342, on ne peut soumettre à l'analyse ce tact de l'ame, *ibid.* 345; il doit particuliérement sa perfection à la beauté de l'imagination, *ibid.* à la finesse des idées, *ibid.* 355, & à la sensibilité de l'ame, *ibid.* 359; trois grands maîtres en fait de goût, *ibid.* 364

GUETTARD (Monsieur), cité sur un palmier marin, II, 501 (note)

H

HABITUDES, leur naissance, III, 92; d'où dérive le système des habitudes, *ibid.* 93; leur force quand elles sont mises en jeu par une passion véhémente, *ibid.* 94; on peut créer ses habitudes, *ibid.* il n'y a point de qualité infuses, *ibid.* 95; des especes d'habitudes que l'homme doit former, *ibid.* 96; elles doivent conserver sa machine & perfectionner son entendement, *ibid.* 97; voilà le précis de la morale, *ibid.* 98.

HALLER, son apologie de l'amour, III, 121, (note)

HARDOUIN (le Pere), vrai Théosophe, III, 303

HELVETIUS (M.) paradoxe de cet homme célebre, II, 182, maniere honnête de le réfuter, *ibid.* 187; remarque sur une note fameuse du premier discours du livre de l'Esprit, *ibid.* 239 (note). cité, III, 95 (note) éloge d'une partie du livre de l'Esprit, *ibid.* 322 (note)

HENRIADE, vers admirables de ce poëme, II, 56 (note)

HERMAPHRODITE, n'eſt pas un homme, II, 152, diſſertation contre M. Robinet, ſur la chimere de l'hermaphrodiſme, *ibid.* (note)

HOBBES, a mal défini l'ame, II, 265

HOMME, de ſes devoirs particuliers, II, 151 ; ce qu'on entend par homme, *ibid.* 152 ; eſt-il dans la nature le ſeul être ſenſible ? III, 459

HOMME-MARIN, ſon portrait, III, 212 ; perſonnage du Drame raiſonnable, *ibid.* 216

HONGRIE, ferment ridicule qu'on y fait prêter aux Juifs, II, 82 (note)

HUITRE, perſonnage du Drame raiſonnable, III, 216

HUME cité, II, 53 (note) *ibid.* 59 (note)

HURON, de la génération des modes de l'eſprit humain dans ce ſauvage, III, 313 ; de ſon bon ſens, *ibid.* 318 ; le Huron dans ſes bois a-t-il de l'eſprit ? *ibid.* 323, il a l'eſprit juſte, *ibid.* 324 ; il a l'eſprit vif, *ibid.* 326 ; il a l'eſprit lumineux, *ibid.* 328 ; il acquiert un eſprit étendu en quittant ſes bois, *ibid.* 331, il devient eſprit profond, *ibid.*

333 ; & Philosophe, *ibid.* 336 ; énergie de son ame, *ibid.* 337 ; il peut être bel esprit en Huronie, *ibid.* 338 & 340 ; il vient en France chercher le goût, *ibid.* 343 ; développement de son imagination ; *ibid.* 364 ; finesse de son esprit, *ibid.* sa sensibilité, *ibid.* 365 ; il est mis à la Bastille, *ibid.* 366 ; c'est dans cette sombre prison qu'il pourra devenir homme de génie, *ibid.* 367 ; il en sort & son ame devient encore plus grande, *ibid.*

Hyppon, son idée sur l'ame, II, 265

J

Jablousnki cité, II, 16 (note *c*)
Jacques I, son portrait, III, 58
Jacques II, son portrait, II, 317
Jeffreys, barbarie de ce Chancelier d'Angleterre, II, 320 (note)
Jenny-Lille, son Histoire est une démonstration de l'immortalité de l'ame, II, 317, réflexions philosophiques sur ce sujet, *ibid.* 352
Jesuites, II, 25, *ibid.* 28
Imagination, méchanisme de cette fa-

culté de l'esprit humain, III 52; sa cause physique, *ibid.* 54; son opération, *ibid.* 55; sur qui elle a le plus de pouvoir, *ibid.* 56 & 57; ouvrages qui l'allument, *ibid.* 57; avantages d'une imagination forte, *ibid.* 59; à quel âge cette faculté est la plus parfaite, *ibid.* 60; utilité de l'imagination pour tout être sensible, *ibid.* 62; étrange effet d'une imagination déréglée, *ibid.* 63 & 64 (note) origine de la croyance aux Phanthomes & aux Talismans, *ibid.* 66; d'un Militaire philosophe qui craignoit le tonnerre, *ibid.* 69; d'un événement singulier arrivé à Paris en 1757, *ibid.* 71; le Philosophe est le seul qui ne soit pas la dupe de son imagination, *ibid.* 82; de l'imagination comme mode de l'esprit humain, *ibid.* 345; de l'imagination chez les Anciens, *ibid.* 346; imagination sans goût, *ibid.* 347; des grands traits d'imagination, *ibid.* 351; tableaux du second ordre, *ibid.* 354; imagination base du goût, *ibid.* 355.

INQUISITION, établie contre les Juifs, II, 83; son origine, *ibid.* 123; contre qui ce tribunal procede, *ibid.* 124; atrocité des ufages de cette jurifdiction, *ibid.* 125; de fes fupplices, *ibid.* 126; des autodafés, *ibid.* 128; l'inquifition brûle les livres des Philofophes, *ibid.* 130; fes attentats contre les Souverains, *ibid.* 131

JOINVILLE cité fur S. Louis, II, 26 (note)

JOVIEN, beau trait de tolérance de la part de ce Prince, II, 5 (note)

IRLANDE, maffacre de ce nom, II, 59

ITALIE, perfécute les Juifs, II, 83

JUAN IV, trait de ce Prince, II, 132 (note)

JUIFS, Hiftoire d'une finguliere perfécution qu'on leur fait effuyer à Conftantinople, II, 10 (note); entretien d'un Rabbin avec le grand Vifir, *ibid.* confpiration générale contre ce peuple, *ibid.* 63; défaftre qu'il a effuyés dans ce Continent, *ibid.* 71; dans l'empire Romain, *ibid.* 72; fous les Califes, *ibid.* 76; en Allemagne, *ibid.* 77; en Italie, *ibid.* 83; en Efpagne, *ibid.* 87; en Angleterre, *ibid.* 93; en France, *ibid.* 98; en

Perse, *ibid.* 103 ; lettre circulaire du Prince de la captivité, *ibid.* 106

JUSTE-LIPSE cité, II, 72 & note.

K

KETTLEWEL, son systême sur la métempsicose, II, 279, avantage de ce paradoxe, *ibid.* 280

KIRKE, Histoire de ce monstre, II, 321, &c.

KIRKER cité, II 241, (note)

L

LABAT (le Pere) cité, III, 147 (note)

LACTANCE, texte de cet Auteur, II, 18 (note)

LA ROCHE (le Pere), Ses erreurs sur l'ame, jugement sur son livre, II, 237 (note)

LE BRUN, son Histoire des superstitions citée, II, 31 (note *b*)

LE CAT, son traité des sens cité, III, 10 (note). *ibid.* 11, (note) *ibid.* 14 (note)

LEIBNITZ, son erreur sur l'essence de

l'ame, II, 222 & 267 ; son idée sur la génération, *ibid.* 269 ; son optimisme, *ibid.* 370 ; ce qu'il appelle perception & apperception, III, 188, son entretien avec Charles XII sur la liberté, *ibid.* 377

Léon l'Isaurien, sa loi contre les Juifs, II, 75

Lery, (Jean de), cité sur les Topinamboux, III, 279 (note *a*)

Lettre circulaire du Rabbin David à tous les Souverains, II, 106

Leuwenhoeck cité, II, 286, (note *a*)

Liberté, examen de cette grande question dans un dialogue entre Leibnitz & Charles XII, III, 377 ; loix faites pour protéger la liberté, Rois créés pour protéger les loix, *ibid.* 382 ; liberté essentielle à l'homme, *ibid.* 383

Locke ; son idée sur l'essence de l'ame, II, 236 & 268, sur la liberté, *ibid.* 276 ; n'a pas assez perfectionné son système sur les sens, *ibid.* 390 ; cité, III, 95 (note). l'ame, suivant ce Philosophe, a trois manieres de connoître, *ibid.* 188 (note). sa définition de la raison

DES MATIERES.

réfutée, *ibid.* 195 (note); ce Philosophe cité, *ibid.* 279 (note *a*)

LOGIQUE, principes d'une nouvelle Logique, III, 265; erreur des Logiques artificielles, *ibid.* 266; esprits médiocres ont fait sur cette science les livres élémentaires, *ibid.* ouvrages sur lesquels doit être fondé le livre dont on donne le plan, *ibid.* 268; premiere partie consacrée au tableau historique de l'Histoire des Sophistes, *ibid.* 269; nous tenons des Grecs notre fureur de disputer, *ibid.* 270; de la Logique de nos Colléges, *ibid.* 271; de la Logique de Port-Royal, *ib.* 272 (note). critique du livre, non de l'Auteur, *ibid.* 273 (note). seconde partie de l'ouvrage destinée à analyser l'entendement, *ibid.* 274; décomposer d'abord l'intelligence de l'homme sauvage, *ibid.* 275; du langage des signes, & de celui des sens articulés, *ibid.* 276; d'une langue musicale, *ibid.* 277; de la plus parfaite des langues, *ibid.* 278; de l'écriture, *ibid.* de l'art des nombres, *ibid.* d'où vient la foiblesse de notre entendement, *ibid.* 280; troisiéme partie destinée à la méchanique de l'art, *ibid.* 282; de l'analyse & de la synthese, *ibid.* la Logique ne consiste pas dans l'art de faire des syllogismes, *ibid.* 286; de l'abus des mots, *ibid.* 287; des abstractions, *ibid.* 288; des mots sans acception, *ibid.* 289; des termes scientifiques, *ibid.* des Tropes, *ibid.* 290; des mots qui expriment des idées archetypes, *ibid.* d'une langue philosophique, *ibid.* 291; quatriéme partie consacrée à l'exposition de quelques regles primitives, *ibid.* 292; principes, *ibid.* 293; d'une table nuancée des idées abstraites, *ibid.* 296 (note)

Louis IX, son éloge, II, 43
Louis XIV, réflexion sur ce Prince, II, 35 (note)
Lucrece, son idée sur l'ame, II, 265; discours qu'on lui prête, *ibid.* 194

M

Madagascar, fanatisme de ses insulaires, II, 32
Mahomet, son caractere, II, 37; son délire prophetique, *ibid.* 204 (note)

idée sur ce législateur, III, 158

MAHOMÉTISME, son établissement fatal au genre humain, II, 37

MAINBOURG cité, II, 52 (note)

MALEBRANCHE, son idée sur l'origine de nos connoissances, II, 377; trait de ce Philosophe sur une imagination déréglée, III, 64, (note); principe cruel de cet Auteur, *ibid.* 67, (note). contradiction qu'il avance sur les passions, *ibid.* 101 (note)

MANETHON, cité sur l'Egypte, II, 15 (note *b*)

MARIANA cité, II, 91 (note) & 92 (n.)

MARC-AURELE, songe philosophique de ce grand homme, II, 188, jugement sur ce grand homme, *ibid.* 237 (note)

MARIE, Reine d'Angleterre, son fanatisme, II, 52

MATIERE, connoît-on son essence, II, 272; & la nature de ses rapports avec l'ame, *ibid.* 274.

MATHIEU PARIS cité, II, 95 (note *b*) *ibid.* 102 (note *a*)

MAUPERTUIS cité, II, 371 (note); III, 7 (note); *ibid.* 56 (note) III, 94 (note *b*); cité *ibid.* 260 (note)

TABLE

MÉMOIRE, III, 40, méchanisme de cet organe intérieur, *ibid.* 41; on a eu tort de la confondre avec l'imagination, *ibid.* 43; on peut créer sa mémoire, *ibid.* 44; prodiges de mémoire, *ibid.* & 45; ordre nécessaire pour la perfectionner, *ibid.* 47. de la mémoire de mots, de faits & de pensées, *ibid.* 48

MEXIQUE, son fanatisme, II, 21

MICROSCOME, entretien de cet être singulier avec Pythagore, II, 502

MILTON cité, II, 402 (note)

MOLINET cité, II, 156 (note)

MONMOUTH, Histoire de ce fameux bâtard, II, 318

MONTESQUIEU, ce qu'il pense de Zénon, II, 206 (note). trait de ce Philosophe sur Fontenelle, III, 161 (note)

MOULAHS, leur jurisprudence, II, 32

MUSIQUE, objet de l'attention des anciens Législateurs, III, 20 & note; elle n'opere plus de prodiges parmi nous, *ibid.* 21; pourquoi, *ibid.* elle sera toujours chere à l'éleve de la nature, *ibid.* 22

N

NANGIS, fa chronique citée, II, 102 (note *b*)

NANTES, révocation de l'édit de ce nom, II, 55

NATURE, n'a fait qu'un prodige, II, 283; fon principe fur la préexiftence des germes, *ibid.*

NAUCLER cité, II, 81 (note)

NEGRE BLANC, *voyez* ALBINOS.

NEWTON, dans fa vieilleffe n'entend plus fon livre *des Principes*, III, 45; éloge de ce Philofophe, *ibid.* 213; fa frugalité, *ibid.* 214; perfonnage du Drame raifonnable, *ibid.* 216

O

ODORAT, méchanique de ce fens, III, 11; plus parfait dans les animaux que dans l'homme, *ibid.* perfection de cet organe dans les Sauvages, *ibid.* 12 note). il ne faut point épuifer fa fenfibilité, *ibid.* 13

OISIVETÉ défirée de tous les hommes, III, 137; effets funeftes de l'ennui, *ibid.* 138; origine de l'oifiveté, *ibid.* loix ci-

viles muettes sur ce sujet, *ibid.* 139;
paradoxe du Marquis Beccaria sur l'oisiveté politique, & sa réfutation, *ibid.*
(note). de l'oisiveté des Moines : & de celle des grands Seigneurs, *ibid.* 141
(note). des peuples qui n'ont d'autres passions que l'amour de l'oisiveté, *ibid.*
142 ; trois causes de l'oisiveté des Negres, *ibid.* 144; anecdote bizarre conservée sur ce sujet en Afrique, *ibid.*

OMBE, fanatisme de ses citoyens, II, 3
ONÉALE, atrocité de son fanatisme, II, 59
ONTOLOGIE, sa définition, II, 260
OPTIMISME, réfutation de ce système, II, 370
OURANG-OUTANG, son parallèle avec l'homme, II, 293
OUÏE, méchanisme de cet organe, III, 18 ; plus nécessaire à l'homme qu'aux animaux, *ibid.* 19 ; des effets de la musique, *ibid.* 20

P

PALMIER-MARIN, de cet animal fossile, II, 301 (note)
PANTOMIME, cette langue de signes est susceptible de perfection, II, 296

PANZA, le Phalaris des Inquisiteurs, II, 134

PAPE, son despotisme du tems des Croisades, II, 42 & 44

PARACELSE, vrai fondateur du systême théosophique, III, 304, Histoire de ce Médecin, *ibid.* & 305 (note)

PARISIEN, sa conversation avec un Caraïbe, III, 27

PARSIS, cause de leurs malheurs, II, 64

PARSONS cité, II, 153 (note)

PASCAL, idée sur ce grand homme, II, 300

PASSIONS (essai sur les), III, 100; idées générales, *ibid.* 101; délire des Philosophes qui ont blasphêmé contre elles, *ibid.* il n'y en a pas de deux espéces différentes, *ibid.* 102; elles sont essentielles au tout humain, *ibid.* 103; il n'y a que deux passions primitives, *ibid.* 105; elles se nuancent de mille façons, *ibid.* tems favorable à l'activité des passions, *ibid.* 107, du méchanisme des passions, *ibid.* 109, de la génération des passions, *ibid.* 111; de l'amour propre, *ibid.* 112; naissance de la gaieté, de la joie & de la volupté, *ibid.* des différentes efpeces de craintes, *ib.* 113 ; de l'efpérance, *ib.* de la trifteffe, *ib.* 114 ; du défefpoir, *ibid.* 115 ; de la curiofité & de l'admiration, *ibid.* de l'enthoufiafme, *ib.* 116 ; de l'orgueil, *ib.* de la vanité ; *ibid.* 117 ; de l'envie & de la vengeance, *ibid.* 118 ; de l'amour, principe du monde phyfique, *ibid.* 121 ; de l'ambition principe du monde moral ; *ibid.* 130; de l'oifiveté, *ibid.*, 137 ; des paffions douces, *ibid.* 148, de l'efpérance, *ibid.* de la pudeur, *ibid.* 149; de la reconnoiffance, *ibid.* de la pitié, *ibid.* 150 ; du méchanifme des paffions, *ibid.* des hommes froids, *ibid.* 151 ; des paffions violentes, *ibid.* 152 ; du grand homme, *ibid.* foif du fang humain, amour violent, *ibid.* 153 ; les paffions impétueufes ne font pas incompatibles avec la raifon, *ibid.* 155 ; de la paffion dominante, *ibid.* 156; fa naiffance, *ibid.* ; il eft difficile de la découvrir, *ibid.* 157; effort inutile pour la vaincre, *ibid* 158; paffion dominante du Philofophe ; *ibid.* 159; lettres pofthumes de Fontenelle & du Docteur Young au fujet des paffions, *ibid.* 160

PERSE, catastrophes que les Juifs y es-
suyent, II, 103
PHILIPPE II, réflexion sur un mot de ce
Prince, II, 121 (note)
PHILOSOPHE, son portrait, III, 308
PHILOSOPHIE, réflexions philosophique
& naturelle sur la philosophie qui ne
consiste qu'à détruire, II, 137; réflexion philosophique sur l'Histoire de
Jenny, ibid, 352, des erreurs des Philosophes sur l'ame, ibid. 374
PHILOSTRATE, cité sur l'éléphant Ajax,
 II, 467 (note)
PLAISIR, sa définition, II, 166; idées
philosophiques sur le plaisir, ibid. 167;
des différentes especes de plaisirs, ibid.
 169
PLATON, son portrait, II, 198; son discours aux Athéniens, ibid. 199; son
idée sur les premieres causes, ibid. (note).
destructions de ses sublimes rêveries,
ibid. 203; ses idées sur la musique, III,
 20 (note)
PLINE cité, II, 17, (note)
PLUME DE MER, caractere de ce Zoophyte, II, 493 (note)

PLUTARQUE, cité fur les Egyptiens, II, 15 (note *b*). fur les Carthaginois, *ibid.* 20 (note). fur Sparte, *ibid.* 23 (note). fur Platon, *ibid.* 200 (note)

POIRET, dernier Théofophe qui a eu de la célébrité, III, 307

POLYDORE VIRGILE cité, II, 95 (n. *a*)

POMPONACE nie l'immortalité de l'ame, II, 309

POMPONIUS-MELA, cité fur les Celtes, II, 16 (note *d*)

PORPHYRE, cité fur les Phéniciens, II, 15 (note *a*)

POPE, fon optimifme, II, 370; fa définition des paffions, III, 111; fon blafphême contre la raifon, & critique de fes vers peu philofophiques, *ibid.* 203 & (note). & 205; éloge de l'effai fur l'homme, *ibid.* 207 (note)

PORT-ROYAL, fon éloge, II, 140

PRÉJUGÉS, il ne faut pas les détruire tous, II, 143

PREVOST (l'Abbé) cité, II, 32 (note *a*). *ibid.* 241 (note)

PROTESTANS, leur maffacre, II, 52

PSYCHOLOGIE, des principes de cette

science, II, 228, doutes qu'elle fait naître sur l'ame, *ibid.* 258

PULCHIS, cause de leur avilissement, II, 64

PULPO, Zoophyte, qui a la faculté de la Torpille, II, 493 (note *b*)

PYRARD cité, II, 124 (note)

PYRHON, caractere & paradoxe de ce Philosophe, II, 375

PYTHAGORE, son idée sur la duplicité de l'ame, II, 245; ses découvertes en musique, *ibid.* 114 (note); son aventure dans l'Inde, *ibid.* 437; fragment de ses vers dorés, *ibid.*

R

RAISON, essai sur cette faculté de l'entendement, III, 191; connoissances générales, *ibid.* 195; définition *ibid.* deux mauvais raisonnemens sur la raison, *ib.* 197 & 199; d'une raison parfaite. *ib.* 199; de la raison humaine, *ibid.* 200; nous ne créons pas nos connoissances, *ib.* 201; d'un blasphême contre la raison, *ib.* 203; critique détaillée de quelques vers de Pope, que la philosophie n'a point dictés, *ibid.* 203 (note, &c). la raison ne fut jamais un don fatal de la divinité, *ibid.* 207; elle est toujours en proportion par sa nature avec les passions les plus fougueuses, *ibid.* 208; Drame raisonnable en un acte, avec des commentaires, *ibid* 211; principes d'une nouvelle Logique, *ibid.* 264; des Théosophes, *ibid.* 299; du Philosophe, *ibid.* 308

RAYMOND-LULLE, vrai Théosophe, III, 303

RÉAUMUR cité, II, 286 (note *c*)

RELIGIEUX, tableau d'un Religieux fanatique, II, 24

REQUIN, son portrait & sa conversation avec Pythagore, II, 486 & note

RICHARD (l'Abbé), son Histoire naturelle de l'air citée, III, 318 (note)

RICHARSON, son Roman de Clarice, un des meilleurs argumens de l'immortalité de l'ame, II, 315

RIGORD cité, II, 100, (note *a*)

ROBERT FLUDDS, Théosophe, III, 306

ROBINET, critique détaillée de son systême fur les hermaphrodites, II, 153 (note), cité, *ib.* 241 (note) & 284 (note) de fon fyftême fur l'équilibre des biens & des maux, *ibid.* 358 & 359 (note). réfutation particuliere de ce paradoxe; 261

Rome, fes Confuls ne furent point fanatiques, II, 4

Ruhe, le fexdigitifme héréditaire dans fa famille, III, 7 & (note *a*)

S

Saint Barthelemi, idée de ce maffacre, II, 55

Sammarra, ce que c'eft, II, 128 (note *b*)

San-Benito, ce que c'eft, II, 128 (note *c*)

Sanchoniaton, cité fur les Pheniciens, II, 15 (note *a*). autre fragment *ibid.* 19 (note)

Schenck cité, II, 155 (note)

Selden, cité fur les Ammonites, II, 16 (note *b*)

Seneque, fon idée fur l'Apathie, II, 176 (note); fon portrait, *ibid.* 207 (note)

TABLE

SENS, Théorie des sens, III, 1; structure de l'homme s'explique par le méchanisme des sens, *ibid.* 2; des sens externes, *ibid.* 4; du tact, *ibid.* de l'odorat, *ibid.* 11; du goût, *ibid.* 15; de l'ouïe *ibid.* 18; de la vue *ibid.* 22; conversation sur les sens, entre un Parisien & un Caraïbe, *ibid.* 27; de la mémoire, *ibid.* 40; de la faculté d'imaginer, *ibid.* 51; du caractere, *ibid.* 83, des habitudes, *ibid.* 92, essai sur les passions, *ibid.* 100; l'homme est le seul être sensible dans la nature; *ibid.* 459.

SENSIBILITÉ, sa définition, II, 171; sa méchanique, *ibid.* 172.

SENSITIVE, des plantes de ce nom, II, 496 (note)

SENTIMENT, distingué de la sensation, III, 359; pour le rendre, il faut être né sensible, *ibid.* 360; des Comédiens, *ibid.* leur défense *ibid.* 361; l'esprit ne remplace point le sentiment, *ib.* 362; vers de maxime tuent le sentiment, *ibid.* 363; trois grands maîtres en fait de sentiment, *ibid.* 164

SHAFTESBURY, son optimisme, II, 370

SIXTE-QUINT,

SIXTE-QUINT, de sa passion dominante, III, 158

SOCRATE, on l'a mis à tort à la tête des Théosophes, III, 301, éloge de ce grand homme, *ibid.* 302

SOLIS, cité sur les Mexicains, II, 21 (note)

SOLON, sa loi contre les hommes sans caractere, III, 85

SORCIERS, brûlés long-tems par ordre des Parlemens, II, 31 ; on donne ce titre aux Juifs, *ibid.* 9

SOZOMENE cité, II, 75 (note *b*)

SPARTE, origine de sa tolérance, II, 22

SPINOSA, a mal défini l'ame, II, 265

STATUES, de trois ouvrages connus sous ce nom, II, 381, de la statue de M. de Buffon, *ibid.* 392, de la statue de M. Bonnet, *ibid.* 409 ; de la statue de l'Abbé de Condillac, *ibid.* 430

SUPERSTITION, parallele avec le fanatisme, II, 2

SYDNEI, son Histoire, II, 323, &c.

SYNTHESE, sa définition, III, 283 ; Dieu ne raisonne ni par analyse, ni par synthese, *ibid.* Intelligences supérieures

Tome III.   V

peuvent raisonner par synthese, *ibid.* elle n'est point faite pour l'homme, *ibid.* 284; appareil géométrique qui l'environne, *ibid.*

Système, du système que tout est mal, II, 356, du système que la quantité du mal est nécessairement égale à celle du bien, *ibid.* 358

T

Tabac, de ses effets pernicieux, III, 14 & note

Tact, méchanisme de cet organe, III, 4 ; il réside particuliérement dans la main, *ibid.* 6 ; d'une famille de sex digitaires, *ibid.* 7 ; femmes ont plus de tact que les hommes, *ibid.* maniere de perfectionner le tact, *ibid.* 8 ; Tact dédommage les aveugles de la perte de la vue, *ibid.* 9 & note

Tamaroas, mot de ce Prince de la Louisiane, III, 318 (note)

Telliamed cité, II, 241 (note) ; son Homme-Marin, III, 212

Temple, sa société, centre du goût, III, 358

TENTYRE, fanatifme de fes citoyens, II, 3

TERTULLIEN, cité fur Carthage, II, 21 (note) fon idée fur la génération des ames, *ibid.* 268

THALES, fon idée fur l'ame, II, 265

THÉODORA, fanatifme de cette Impératrice, II, 52

THÉOPHANE, cité, II, 77 (note)

THÉOSOPHES, idée de ces enthoufiaftes, III, 299; il ne faut leur demander ni preuves ni examen, *ibid.* 300; du feul raifonnement qu'ils peuvent faire, *ibid.* 301; Socrate placé à la tête des Théofophes, *ibid.* on peut compter parmi eux Raymond Lulle & le Pere Hardouin, *ibid.* 303; vrai fondateur, Paracelfe, *ibid.* 304; ceux qui lui ont fuccedé font Robert Fludds, *ibid.* 306; Jacques Boehm, *ibid.* Jean-Baptifte Vanhelmont, *ibid.* & le Miniftre Poiret, *ibid.* 307; folie de réfuter leur fyftême, *ibid.*

TIMÉE, fon idée fur l'Ame, II, 214

TITE-LIVE cité, II, 17 (note). réflexion fur cet Hiftorien, *ibid.*

TOLÉRANCE, mot facré, II, 5; prédic-

tion sur ce sujet, *ibid.* origine de la Tolérance dans Sparte, *ibid.* 22

Torquemada, comment ce monstre devient Cardinal, II, 134

Trublet (l'Abbé), cité sur Fontenelle, III, 151 (note)

V

Van-helmont (Jean-Baptiste) Théosophe, III, 306

Vauvenargues (le Marquis de) son paradoxe sur les lettres, III, 134 (note)

Venise, sa modération au milieu du fanatisme des Italiens, II, 85

Vers dorés de Pythagore, vingt strophes sur la sensibilité de tous les êtres, II, 515; remarque sur cet ouvrage, & sur la foule d'hommes célébres qui ont été Pythagoriciens, *ibid.* 527

Victimes Humaines, II, 15, des peuples qui les ont immolées, *ibid.* origine de cet usage, *ibid.* 19

Vieil de la Montagne, son despotisme, II, 26

Vue, méchanisme de cet organe, III, 223

22; ce qu'il doit à Newton, *ibid.* 23 ; néceffité de perfectionner ce fens, *ibid.* 24; de ce qui peut l'affoiblir, *ibid.* la vue peut suppléer à la perte de l'ouïe, *ibid.* 25 (note). délire du Philofophe qui fe crêve les yeux pour contempler lavérité plus à fon aife, *ibid.* 26

Voltaire (M. de) cité, II, 200 (note); éloge de ce grand homme, III, 331 ; analyfe de fon entendement, *ibid.* 373 ; toutes les fortes d'efprits font raffemblés dans fes ouvrages, *ibid.* fa Philofophie, *ibid.* 374 ; modele des hommes de goût, *ibid.* homme de génie, *ibid.* 375

W

Willis, fon idée fur le fiége de l'ame, II, 277

Wolff, trait fingulier rapporté par ce Philofophe, III, 44 ; ce qu'il appelle *perception* & *apperception* *ibid.* 188

Wolfflin cité, II, 269 (note *b*)

Wormius (Olaus), fa differtation ridicule fur des rats qui tombent du ciel, III, 197 & (note)

Tome III. X

Y

Young (le Docteur), ses lettres posthumes, III, 160, caractere de ce Poëte, *ibid.* 163, premiere lettre de cet homme célébre à Fontenelle, *ibid.* 167; seconde lettre, *ibid.* 176; troisiéme lettre, *ibid.* 183; critique qu'un homme froid pourroit faire d'un morceau sublime de ses Nuits, *ibid.* 348

Z

Zenon, Son erreur sur l'Apathie, II, 175, éloge de ce Philosophe, *ibid.* 205 & note; grands hommes qui composent sa cour, *ibid* 207; erreur de son systême, *ibid.* 209; son idée sur l'ame, *ibid.* 216

Zoophyte, idée que l'Histoire naturelle donne de ce corps marin, II, 492 (note)

Fin de la Table des Matieres.

ÉCLAIRCISSEMENS

ECLAIRCISSEMENS
SUR
DIVERS ENDROITS
DE CET OUVRAGE,
Et sur l'esprit dans lequel il est composé.

Tome III.

PRÉLIMINAIRE.

DES Personnes prudentes ont demandé des Éclaircissemens sur quelques principes de cet Ouvrage, qu'il est aisé d'empoisonner, quand on les voit avec l'œil de la mauvaise foi; on ne balance point à les satisfaire: il est encore plus sage de fermer la bouche à la calomnie que de la réfuter.

Si jamais Ouvrage fut écrit dans un esprit de paix & de modération, on ose dire que c'est celui-ci; non-seulement l'Auteur ne cherche point à faire douter des vérités de la Religion: mais il ose même s'élever contre les Philosophes, qui n'ont été que sceptiques; il a peut-être eu tort de sortir dans cette occasion de la modération qui est la base de son caractere; mais on voit qu'il n'a détruit, que pour prévenir de plus grandes destructions.

L'Auteur, né François, est dévoué à la Religion de ses Peres; tous les hommes de bonne foi en seront convaincus en lisant cet Ouvrage, & si on le lisoit dans le dessein de le trouver mauvais, on se flatte que la couleuvre ne siffleroit que dans la poussiere.

Cependant, il n'entroit pas dans le plan de ce Livre de parler de cette Religion sublime; mais qu'on life l'entretien de Pascal & de Socrate, le morceau contre la Philosophie qui ne consiste qu'à détruire, &c. & on reconnoîtra la droiture des intentions de l'Ecrivain; pour les Critiques qui ne croient pas plus à la droiture d'un Philosophe, que Néron ne croyoit à la pudeur des femmes, on se défendra assez en les nommant.

Toutes les fois qu'on a parlé de la Religion naturelle, on n'a eu en vue que la Religion naturelle (*a*). Ce seroit un excès de précaution d'avertir qu'en attaquant la

---

(*a*) En établissant son existence, on laisse aux Théologiens le soin d'en tirer des inductions favorables à la Révélation.

Superstition on ne l'a point confondue avec le Christianisme, qui n'a pas plus de rapport avec elle, qu'un édifice antique & inébranlable avec le lierre dont il est tapissé.

On a toujours distingué, avec soin, le culte naturel & le culte politique, du culte révélé.

En un mot, en écrivant sur le Droit naturel, on n'a point écrit pour les Théologiens; encore moins contre eux.

On a été obligé, en parlant des premieres causes, de traiter des systêmes que les hommes ont formés pour répandre quelque jour dans le cahos de la Métaphysique; si parmi ces hypotheses il y en avoit que des Ecrivains respectables eussent adoptées sans examen; l'Auteur a toujours eu soin de distinguer l'opinion de la personne: une erreur n'est bonne qu'à être réfutée; mais un grand homme, malgré ses écarts, est toujours un grand homme.

Il y a des Ecrivains dangereux qui se sont joués du flambeau de la Philosophie, en prêtant le même jour aux raisonnemens de la vérité & aux sophismes de l'erreur; on a réfuté leurs paradoxes, mais on n'a pas déprimé leurs talens; il est aussi fou de dire, que Bayle étoit sans génie, que de croire que Cromwel étoit un sot.

Je voudrois qu'un homme de bien défignât jufqu'à quel point on peut critiquer un Ecrivain tel que Lactance, & louer un Philofophe tel que Montefquieu; ce feroit un fervice effentiel à rendre, non-feulement aux lettres, mais encore à l'humanité; un tel calcul, fait avec fageffe, épargneroit bien des craintes à l'Homme vertueux qui écrit, & bien des crimes au Fanatique qui perfécute.

ÉCLAIRCISSEMENS
POUR LE TOME PREMIER.

Livre I, Chapitre I, page 5.

Ces principes ne menent point au système de la Fatalité ; 1° l'Auteur est ennemi des systêmes ; 2° il se croit trop Philosophe & trop Religieux pour être Fataliste.

Livre I, Chap. VII, Art. I, page 170.

En parlant du danger des idées philosophiques sur l'essence de Dieu, on n'a point en vue de blâmer les enseignemens de la Théologie moderne qu'on respecte, & qu'on n'a pas étudiée ; c'est dans une Religion révélée qu'on doit avoir des lumieres sur l'essence de la divinité, puisqu'on les tient d'elle-même ; le Dieu de Jacob dit à Moyse dans le buisson ardent :

Je suis celui qui suis. Principe sublime, qui sert de fondement aux raisonnemens des Théologiens, sur les attributs de la divinité, & qui doit inspirer la plus grande retenue aux hommes.

Livre II, page 147.

On n'a pu se dispenser dans ce Livre, de désigner les cultes divers qui sont répandus sur la terre: si on s'étoit contenté de discuter les principes généraux, on auroit cessé de se faire entendre; on auroit cessé d'être utile.

Parmi ces cultes, il y en a un qui est l'ouvrage du Ciel même; les autres doivent leur naissance à la stupidité des peuples, ou à la fourberie de quelques Législateurs; l'Auteur de la *Philosophie de la Nature* n'a point vu tous ces cultes, avec l'œil de l'indifférence, parce que le titre d'Homme dont il s'honore, ne lui a pas fait oublier celui de François.

On a attaqué également les superstitions d'un Bonze ou d'un Faquir & les nôtres; mais dans le premier cas, la critique tombe sur le culte lui-même; dans le second, il ne tombe que sur le délire de quelques hommes.

L'indifférence est la Religion de celui qui n'en a point; elle est le premier signe d'incrédulité dans un homme sans mœurs, & le dernier dégré de la dépravation dans un homme à systême; l'éleve de la nature ne sera jamais indifférent pour son Dieu, & pour la maniere dont il doit l'honorer.

L'indifférence considérée dans les arts, mene à la barbarie: dans la Religion, elle conduit à l'athéisme.

Livre II. Dialogue entre un Théiste & un Athée, page 259.

On voit qu'on est obligé de faire parler ici Socrate & Wolmar suivant leurs caracteres; un homme droit doit faire plus d'attention à l'ensemble du dialogue, qu'aux phrases détachées des interlocuteurs; voici des vers d'un de nos chef-d'œuvres dramatiques.

Qu'importe qu'au hazard un sang vil soit versé ?
Est-ce aux Rois à garder cette lente justice ?
Leur sûreté souvent dépend d'un prompt supplice,
N'allons point les gêner d'un soin embarrassant,
Dès qu'on leur est suspect on n'est plus innocent. (a)

Ces vers qui respirent une morale atroce, sont à leur place dans la Tragédie de Racine; & le personnage affreux de Mathan, n'altére en rien l'esprit de piété qui regne dans Athalie.

―――――――――――――

(a) Voyez Athalie, Act. 2. Sc. 5.

Livre II. Entretien de Socrate & de Pascal, page 216.

On ne sauroit trop répéter que cet Ouvrage n'est point un Traité de Théologie, & qu'il n'entroit dans le plan de l'Auteur que de parler de la loi naturelle: cependant la pureté de ses intentions perce au travers des convenances de style, qu'il a été obligé de garder, & le choix seul de ses Interlocuteurs, prouve qu'il ne rougit point de la Religion où il est né ; ce Livre n'est pas fait pour faire le pendant de celui d'Abbadie ; mais il pourroit lui servir de préliminaire.

Livre II, page 291.

Je prie les critiques, si j'en trouve, de peser avec attention ces paroles: *un culte dont la Religion naturelle est la base.... qui vient de Dieu, & qui y* ramène sans cesse.... qui est né avec le monde, & qui doit survivre à sa ruine; dont la morale supérieure à celle des Philosophes de tous les âges, dépose sans cesse contre le fanatisme d'un petit nombre de ses Ministres, & contre les préjugés superstitieux du peuple de ses adorateurs... qui doit embrasser tous les lieux & tous les tems, &c. Après un tel tableau, ne devrois-je pas être dispensé de faire des éclaircissemens?

Livre II, ibid. page 296.

Il me paroît qu'il est impossible de s'exprimer avec plus de clarté, en gardant les convenances: Pascal ici ne converse pas avec la Sorbonne, mais avec Socrate; le Citoyen, sans préjugé, m'accusera peut-être de trop de circonspection; mais à coup sûr, tout homme qui a de la Religion, ne soupçonnera pas la mienne.

ÉCLAIRCISSEMENS.

Livre II, Chap. III, page 301.

Obfervez que ce n'eft point un Brame, un Bonze, ou un Faquir qui vient de convaincre Socrate; c'eft Pafcal, & Pafcal qui jette les fondemens d'un édifice fupérieur à celui de la raifon; lifez & jugez.

Livre II, Chap. IV, page 310.

Le jugement qu'on porte ici de Lactance, eft fondé fur l'exacte équité; on l'appelloit le Cicéron de fon fiécle, ce qui ne m'étonne plus, quand je fais qu'il fut le Précepteur d'un Céfar; mais certainement il fut un fort mauvais Théologien: un Ecrivain qui adopte les rêveries des Millenaires, qui croit que les Anges peuvent avoir commerce avec les femmes, & qui admet l'exiftence des démons incubes & fuccubes, n'étoit pas un Métaphyficien profond, ni un Chrétien fort éclairé; pardonnons-lui cependant ses erreurs, en faveur de son zéle; n'oublions pas que le Précepteur du fils de Constantin eut plus de Philosophie pratique que le Précepteur de Néron, & sur-tout qu'aucun Critique n'a foudroié le Polythéisme avec plus de lumieres & en plus beau style.

Livre II, Chap. V, page 315.

Ne nous lassons point d'observer, que nous ne confondons point la Religion avec la Superstition; un des vers les plus dangereux de Lucréce est celui-ci :

Tantùm Religio potuit suadere malorum!

ou ces deux mots deviennent synonymes; il est vrai qu'il y a eu sur la terre des cultes si absurdes qu'on les détruisoit en faisant disparoître les pratiques minutieuses & cruelles qu'ils avoient adoptées ; mais il n'en eſt pas de même du Chriſtianiſme; cette Religion divine ſubſiſte, malgré les mommeries des faux dévots, & en les détruiſant.

Livre II, ibid. page 339.

On n'entend point comprendre dans cette énumération ces Religieux, qui, conduits par des lumieres ſupérieures, tendent à une perfection preſque au-deſſus de l'humanité ; ce n'eſt point à l'homme de Lettres, mais a l'homme d'État à les juger.

Livre II, ibid. page 342.

Quand on tombe ici ſur les faux miracles, c'eſt afin d'inſpirer de la vénération pour les vrais ; le ridicule dont on couvre la Légende dorée, eſt un hommage en faveur de l'Evangile.

Livre II, ibid. page 346.

On attaque ici le faſte des cérémonies, & non les cérémonies.

xviij Éclaircissemens.

Livre II, ibid. page 361.

On nomme ici tous les Légiflateurs connus, qui ont abufé de la crédulité religieufe des Peuples, afin que des gens mal intentionnés ne confondent pas avec eux l'Auteur fublime du *Pentateuque*; on connoît un Ecrivain qui fe trouva fort mal d'avoir terminé une lifte femblable par *&c.* des hommes qui vivent de zéle & de calomnies, donnerent à ce paffage une finiftre interprétation, & l'on fit l'Auteur impie malgré lui.

Livre II, ibid. pages 367 *&* 368.

L'Auteur ici ne critique point fon fiécle, mais il lit dans l'avenir; & il eft trop bon citoyen, pour ne pas défirer de fe tromper.

ÉCLAIRCISSEMENS

POUR LE TOME SECOND.

Livre II, Chapitre VI, page 6, note.

Les hommes prudens ont été blessés de ce mot sacré, à cause des abus que les esprits foibles pouvoient en faire; un Philosophe avance un grand principe, & un Critique le réfute; tous les deux peuvent être de bonne foi, l'un écrit avec force, parce qu'il croit tous les hommes dignes de le lire; l'autre s'éleve contre lui, parce qu'il croit tous les Philosophes dangereux; le plus coupable est celui qui dit des injures.

N'oublions jamais que le flambeau de la vérité doit être présenté aux hommes avec beaucoup de circonspection, à cause de la foiblesse de leur vue ; souvenons-nous encore plus, que la Religion est le plus beau présent que le ciel ait fait à la terre ; qu'on n'est pas stupide, parce qu'on a un culte, & que de toutes les erreurs sur la divinité, la plus dangereuse est l'indifférence.

Livre II, ibid. page 35, note.

C'est la vérité qui conduit ma plume, & il est bon d'observer que quand Louis XIV persécuta, ce fut moins par fanatisme que par foiblesse; les Protestans n'ont jamais été pacifiques, même après la révocation de l'Edit de Nantes ; un homme de génie qui plaide depuis quarante ans la cause de l'humanité, en fait lui-même l'aveu dans plusieurs endroits de son siécle de Louis XIV. Après la mort à jamais effrayante de Henri IV, dit ce grand homme, les Huguenots prirent les armes, & leur audace se joignant aux divisions de la Cour, à la haine contre les favoris, & à l'inquiétude de la Nation, tout fut long-tems dans le trouble; c'étoit des séditions, des intrigues, des paix faites à la hâte & rompues de même : c'est ce qui faisoit dire au Cardinal Bentivoglio, alors Nonce en France, qu'il n'y avoit vu que des orages.....

Le Duc de Rohan, leur chef, coupable du crime de leze-Majesté, traita de la paix avec son Roi, presque de Couronne à Couronne.....

En 1682, ils oserent désobéir à Louis XIV ; ils s'assemblerent dans le Vivarais & dans le Dauphiné, près des lieux où on avoit démoli leurs Temples, on les attaqua, ils se défendirent..... les supplices suivirent leurs défaites. L'Intendant du Dauphiné fit rouer le petit-fils du Pasteur

Chamier qui avoit dreſſé l'Edit de Nantes : l'Intendant de Languedoc fit ſubir le même genre de mort au Prédicant Chomel.... & on perſuada à Louis XIV, qui avoit envoyé vainement des Miſſionnaires dans les Provinces, d'y envoyer des Dragons.

En Languedoc, le Miniſtre Brouſſon fut convaincu d'avoir eu des correſpondances avec les ennemis de l'État, & d'avoir formé le projet d'introduire des troupes Angloiſes dans les Cevennes, ce rebelle fut roué vif....

Les Proteſtans firent périr par des morts cruelles les Soldats catholiques qui tomberent entre leurs mains, & ils ſoutinrent la guerre contre trois Maréchaux de France.

Ils eurent des Prophetes qui formerent une grande conſpiration pour faire révolter le Languedoc & le Dauphiné, & introduire les ennemis dans ces Provinces ; les uns moururent les armes à la main, les autres sur la roue ou dans les flammes.

Toutes ces considérations doivent rendre très-circonspect, quand on parle de l'esprit persécuteur, qui régna quelque tems dans le siécle de Louis XIV ; il est certain que le Gouvernement pouvoit envisager les Protestans sous deux faces, comme rebelles & comme sectaires ; voilà pourquoi on envoya dans les Cévennes, tantôt des Missionnaires, & tantôt des Dragons.

Louis XIV n'eut point la Philosophie de Marc-Aurele ; mais il n'eut point non plus la férocité de Néron ; ce Prince est toujours, avec ses défauts, l'Auguste de son siécle.

Livre II , ibid. page 63.

Cette Apologie des Juifs n'eſt point dictée par un eſprit de haine contre les Nations qui les ont opprimés ; tous les hommes qui ont écrit ou combattu contre eux ne ſont pas des fanatiques ; il faut toujours diſtinguer avec ſoin le zéle qui cherche à éclairer, de la fureur qui perſécute.

Liv. III, Part. I, Ch. I, Art. 2. p. 258.

Les doutes qu'on fait naître dans la Pſychologie ne conduiſent point au Pyrhoniſme ; mais ils ſervent à faire diſtinguer au Philoſophe les vraies lumieres des météores inſidieux qui l'égarent ; ces doutes, que la raiſon authoriſe, peuvent prouver du moins le beſoin des vérités ſurnaturelles qui les diſſipent.

Livre

Dernier Eclairciſſement qui répond à la page 170 du premier Volume.

Ce qu'on dit dans cet article ſur les attributs de la divinité, ne tombe point ſur la Providence; dogme révéré par tous les grands hommes, qui ont reconnu la néceſſité d'un culte; dogme qui fait la baſe de la religion naturelle & de la religion révélée, & qu'on ne peut anéantir ſans embraſſer le ſyſtême abſurde & atroce de l'Athéiſme.

Fin du Tome III.